Valentin Puntschart

Der Prozess der Verginia

Valentin Puntschart

Der Prozess der Verginia

ISBN/EAN: 9783744604246

Hergestellt in Europa, USA, Kanada, Australien, Japan

Cover: Foto ©ninafisch / pixelio.de

Weitere Bücher finden Sie auf **www.hansebooks.com**

Prozess der Verginia.

Von

V. Puntschart,

Doctor der Philosophie und der Rechte.

Wien, 1860.

Druck von Anton Schweiger.

Der

Prozess der Verginia.

Von

V. Puntschart,
Doctor der Philosophie und der Rechte.

Wien, 1860.

Druck von Anton Schweiger.

Der Prozeß der Verginia.

Dieser Proceß hat nicht nur für die Juristen, denen er das einzige ausführlich erzählte Beispiel eines Civilproceſſes aus der frühen Zeit der Legisactionen bietet, sondern auch für die Historifer darum ein beſonderes Intereſſe, weil die ihm zu Grunde liegenden Thatſachen die nächſte Veranlaſſung zum Sturze der Decemvirn und der daraus entſpringenden politiſchen Folgen waren. Auch in der juriſtiſchen Welt fand er ſehr lange gar keinen Bearbeiter; nur der Ausdruck bei Livius III. c. 44 §. 6 »manum injecit« wird von Briſſonius [1]) unter den Fällen der manus injectio aufgezählt; in welche Kategorie jedoch dieſe manus injectio gehöre, hat er nicht weiter erörtert. A. W. Heffter [2]) hat nun dieſe manus injectio unter die Fälle der legisactio per manus injectionem aufgenommen, ebenfalls ohne weiteren Beweis. M. S. Mayer [3]) ſchloß ſich ihm an, berührte einige proceſſualiſche Momente im Berichte des Livius nur beiläufig, erklärte ſie auf eine Weiſe, welche keine Beiſtimmung fand, und beſchäftigte ſich vorzüglich nur mit den Fällen der legis actio per manus injectionem nach den damaligen Anſchauungen über dieſelbe. Auch L. Lange [4]) bemerkt bloß im Allgemeinen, daß die manus injectio auch bei dem Freiheitsproceſſe vorkam. W. Rein [5]) bezeichnet es als ganz unſicher, ob das Verfahren der manus injectio auch bei der vindicatio in servitutem angewendet wurde, und auch R. Ihering [6]) übergeht dieſen Fall der manus injectio bei der Aufzählung ihrer Fälle. Den

---

[1]) De Formulis et Sollemnibus Populi Romani. Parisiis 1583 lib. V. p. 419.

[2]) Gaii Institutionum Commentarius quartus Berolini 1827. Observationum liber p. 15.

[3]) Ad Livii lib. III. c. 44—48. Stuttgartiae 1828.

[4]) Römiſche Alterthümer. Berlin 1856. I. Thl. S. 154.

[5]) Das Privatrecht und der Civilprozeß der Römer. Leipzig 1858. S. 890. Anm. 2.

[6]) Geiſt des römiſchen Rechtes. Leipzig 1852. I. B. S. 148.

1 *

erften Widerspruch fand Heffters Ansicht von Seite Zimmern's [7]), worauf sie Puchta [8]) mit einigen Worten in Schutz nahm. G. W. Wetzell [9]) folgt der Grundanschauung Zimmern's, ohne sich in eine besondere Erörterung der betreffenden Stellen bei Livius einzulassen. Eine Erklärung des Prozesses selbst und eine Vergleichung der beiden Hauptquellen, Livius lib. III. c. 44—48 und Dionysius von Halicarnaß lib. XI. c. 28—37 hat erst Professor Schmidt [10]) (von Ilmenau) unternommen, Einwendungen vorzüglich gegen Puchta erhebend. Das Resultat seiner Untersuchungen besteht nun darin, daß der Bericht des Livius der Hauptsache nach zu verwerfen, und jener des Dionysius anzunehmen sei, mit Ausname seines letzten Theiles, (nämlich der Definitiv=Sentenz im c. 36), welcher von ihm ebenfalls verworfen und durch das letzte Dekret des Appius bei Livius ersetzt wird. Die andern Berichterstatter, wie Diodor Siculus, Florus, Aurelius Victor, Zonaras werden von ihm nicht berücksichtiget. Seiner Ansicht haben sich nun Juristen, wie Keller [11]), Rudorff [12]); Philologen, wie Weißenborn [13]); Historiker, wie Schwegler [14]); angeschlossen. Der heutige Standpunkt dieser Frage stützt sich somit auf eine Verbindung einzelner Theile verschiedener Berichte, ungeachtet jeder von diesen, wie es sich unten zeigen wird, einen so strengen Zusammenhang hat, daß nur die Alternative übrig bleibt, entweder jeden ganz anzunehmen, oder jeden ganz zu verwerfen.

Der Verfasser hat die gewichtigen, vorzüglich gegen Puchta gerichteten Einwendungen und weiteren Darlegungen Schmidt's in besondere Erwägung gezogen, die prozessualischen Momente in allen Berichten einer wiederholten Untersuchung unterworfen, und ist zu dem Ergebniß gelangt, daß der Bericht des Livius wegen der vollkommenen Uebereinstimmung sowohl seiner Theile unter einander, als mit der Natur des Legisactionenprocesses ganz glaubwürdig ist, und durch die Art der

---

[7]) Geschichte des römischen Civilprozesses. §. 44.

[8]) Cursus der Institutionen. 4. Aufl. Leipz. 1854. II. Band. S. 96. Anm. 1.

[9]) Der römische Vindicationsprozeß. Leipzig 1845. S. 6, 11, 25, 47, 49.

[10]) Zeitschrift für geschichtliche Rechtswissenschaft von Savigny, Eichhorn und Rudorff XIV. Bd. 1848. S. 71—94.

[11]) Römischer Civilproceß. Leipzig 1855. S. 78,

[12]) Römische Rechtsgeschichte. II. Band. S. 86. Leipzig 1859.

[13]) Titi Livi ab urbe condita libri, II. Band. S. 74—82. Leipzig 1854.

[14]) Römische Geschichte im Zeitalter des Kampfes der Stände. 2. Hälfte. Tübingen 1858. S. 53—64.

Widersprüche, welche zwischen ihm und dem des Dionysius obwalten, sogar bestätiget wird.

Von den Einwendungen Schmidt's sollen einige alsogleich besprochen werden, andere werden unten bei der Darlegung des Processes selbst zur Sprache kommen. Schmidt beanstandet wegen Gaius IV. 29 und Gellius XX. c. 1. §. 45, zuerst die von Puchta vertheidigte Deutung des »manum injecit« bei Livius III. c. 44, §. 6, bestreitet die Einreihung dieses Falles unter die legis actiones auch in Hinblick auf Gaius IV. §. 21—22, und findet unter Hindeutung auf Gellius XX. c. 1. §§. 45—49, daß auch der weitere Verlauf der Prozeßart der legis actio per manus injectionem für den in Rede stehenden Fall nicht passe. Da Schmidt aus den angegebenen Stellen Folgerungen gegen den Bericht des Livius zieht, und sie darum hier ausführlich zur Sprache kommen müssen, so sei es erlaubt, sie hier vollständig anzuführen: In IV. 29 sagt Gaius: Ex omnibus istis causis certis verbis pignus capiebatur; et ob id plerisque placebat, hanc quoque actionem legis actionem esse. Quibusdam autem non placebat: primum quod pignoris captio extra jus peragebatur, id est non apud praetorem, plerumque etiam absente adversario, cum alioquin ceteris actionibus non aliter uti possent, quam apud praetorem, praesente adversario. — Die erste Stelle des Gellius (XX. c. 1. §. 45) lautet: Aeris confessi rebusque jure judicatis triginta dies justi sunto. Post deinde manus injectio esto, in jus ducito. Ni judicatum facit aut quis endo eom jure vindicit, secum ducito [15]). Die zweite Stelle des Gaius (IV. §§. 21 und 22) heißt: Per manus injectionem aeque (de) his rebus agebatur, de quibus ut ita ageretur, lege aliqua cautum est velut judicati lege XII. tabularum; quae actio talis erat: qui agebat sic dicebat: QUOD TU MIHI JUDICATUS sive DAMNATUS ES SESTERTIUM X MILIA QUAE DOLO MALO NON SOLVISTI, OB EAM REM EGO TIBI SESTERTIUM X. MILIUM IUDICATI MANUS INICIO [16]); et simul aliquam partem coporis ejus prendebat. Nec licebat judicato manum sibi depellere et pro se lege agere; sed vindicem dabat, qui pro se causam agere solebat: qui vindicem non dabat, domum ducebatur ab actore et vinciebatur. Postea quaedam leges ex

---

[15]) Auli Gellii Noctium Atticarum libri XX. ex recensione Martini Hertz. Lipsiae 1853.

[16]) aliqua nach Gölschen, sive statt SIVE nach Huschke: Litiscrescenz, in der Zeitschrift für die geschichtliche R. W. XIV. Band, S. 365, 2c.

1 *

aliis quibusdam causis pro judicato manus injectionem in quosdam dederunt — —; und die zweite Stelle des Gellius (XX. c. I. §. 45—49):
(Ni judicatum facit — — —) vincito aut nervo aut compedibus. Quindecim pondo ne majore aut si volet minore vincito [17]. Si volet suo vivito. Ni suo vivit, qui eum vinctum habebit, libras farris endo dies dato. Si volet plus dato. Erat autem jus interea paciscendi ac, ni pacti forent, habebantur in vinculis dies sexaginta. Inter eos dies trinis nundinis continuis ad praetorem in comitium producebantur, quantaeque pecuniae judicati essent, praedicabatur. Tertiis autem nundinis capite poenas dabant, aut trans Tiberim peregre venum ibant. Sed eam capitis poenam sanciendae, sicuti dixi, fidei gratia horrificam atrocitatis ostentu novisque terroribus metuendam reddiderunt. Nam si plures forent, quibus reus esset judicatus, secare, si vellent, atque partiri corpus addicti sibi hominis permiserunt. Et quidem verba ipsa legis dicam: — — Tertiis, inquit, nundinis partis secanto. Si plus minusve secuerunt, se fraude esto.

In Bezug auf Gaius IV. 29 und Gellius XX. c. 1. §. 45 (Anfang) argumentirt Schmidt auf folgende Weise: Da kein Grund vorhanden sei, dem Ausspruche des Gaius zu mißtrauen, wornach die wahren legis actiones stets vor dem Magistrate vorzunehmen waren, und da es insbesondere für die legis actio per manus injectionem feststehe, daß sie zu den eigentlichen, und nicht zu denen im weiteren Sinne, also den außergerichtlichen, wie die pignoris capio (die Gaius für einzig in ihrer Art erkläre) gehöre, so könne unter dem Ausdruck bei Livius »manum injecit« kein formell juristischer Act verstanden werden, sondern man habe ihn im Sinne von ἐπιλαμβάνεσθαι zu deuten, welchen Ausdruck Dionysius (c. 28) zur Bezeichnung der nämlichen Thatsache gebraucht (S. 73, 74). Mit Gaius stimme auch Gellius überein; denn der Satz »post deinde manus injectio esto« sei nicht auf die legis actio zu deuten (welche vielmehr, ohne daß sie hier mit diesem Namen ausdrücklich bezeichnet werde, erst in dem Folgenden liege, nämlich: ni judiculum facit etc.), sondern auf die Berechtigung, mit Hinweglassung der in jus vocatio sofort durch manus injectio und ductio den Beanspruchten vor den Magistrat zu schaffen (S. 74, Anm. 6). Schmidt sieht also in dem manum injicere bei Livius und Gellius nur ein gewöhnliches Ergreifen in dem

Sinne, wie Livius lib. III. c. 48 den **Appius** befehlen läßt: Lictor, submove turbam et da viam domino ad p r e n d e n d u m mancipium. In Bezug auf **Gaius** IV. 21—22 und **Gallius** XX. 1. §. 45—49 führt **Schmidt** weiter: Die legis actio per manus injectionem in ihrer ursprünglichen Gestalt sei durchaus nicht für das hier fragliche Verhält= niß berechnet; denn es sei keinem gegründeten Zweifel unterworfen, daß sie gegen den aeris damnatus und den diesem gleichstehenden confessus dienen sollte, ja schon vor dem Decemviralgesetz in dieser Art bestanden habe. Ihre natürliche Fortbildung sei zuförderst in den Fällen pro judicato erfolgt. — — Zwischen diese Fälle mit **Puchta** ohne irgend ein Quel= lenzeugniß den als Sclaven Beanspruchten einzuschieben, dafür fehle es an jeder innerlichen Verwandtschaft des Inhaltes, der ebenso heterogen sei wie die Begriffe von Person und Sache. Es leuchte überdieß von selbst ein, daß der weitere Verlauf dieser Proceßart, die Lage des addictus, der Verkauf, das partes secare, nur für Execution, nicht aber für dieses Verhältniß passend seien (S. 78).

Was nun die auf **Gaius** IV. 29 gestützten Prämissen des ersten Schlusses betrifft, so dürften doch Gründe vorliegen, dem **Gaius** hier kein zu unbedingtes Vertrauen zu schenken; denn die ältesten, bald zur An= tiquität gewordenen Rechtszustände sind den Römern schon lange vor **Gaius** unverständlich geworden. Unter den 5 legis actiones, welche **Gaius** anführt, ist die generelle legis actio per sacramentum, jene, welche er darum am besten kennt, weil sie noch zu seiner Zeit, vorzüglich in den judiciis centumviralibus (IV. 31) praktisch war, allein daß er über das u r s p r ü n g l i c h e Wesen auch dieser legis actio keine ganz klare Anschau= ung mehr besitzt, und nur mehr die legis actio der späteren Zeit im Auge hat, dürfte **Danz** [18]) hinreichend angedeutet haben. Die legis actio per judicis arbitrive postulationem kann hier darum nicht in Be= tracht kommen, weil es uns nicht bekannt ist, wie **Gaius** sie beschrieb. Ueber die legis actio per condictionem legt er selbst bezüglich seiner Kennt= niß ihres Wesens ein ihm nicht ganz günstiges Geständniß ab, wenn er (IV. 20) sagt: quare autem haec actio desiderata sit, cum de eo, quod nobis dari oportet, potuerimus sacramento aut per judicis po- stulationem agere, valde quaeritur, und **Keller** [19]) nimmt keinen Anstand, gegen obigen Ausspruch des **Gaius** (IV. 29) die denuntiatio,

---

[18]) Sacraler Schutz im römischen Rechtsverkehr. Jena 1857. S. 151. ff.
[19]) Röm. Civil=Proceß. S. 71, 72.

welche dieser actio ihren Namen gab, für eine außergerichtliche Handlung zu erklären und ihr den Zweck beizulegen, das Verfahren in seinem Verlaufe ebenso weit zu bringen, als dasselbe bei dem sacramentum nach der lex Pinaria durch die erste Verhandlung vor dem praetor gedieh, und somit gerade jene Verhandlung wegfallen zu lassen, bei welcher die rechten verba solennia vorkamen, so daß diese entweder ganz weggefallen, oder doch anf Weniges rebuzirt worden seien. Ebenso hält Rein [20]) die denuntiatio nur für eine Privatansagung von Seiten des Klägers an den Beklagten, ut ad judicem capiendum die tricesimo adesset, und wenn er nicht erschien, sei er als confessus behandelt und exequirt worden. Daß die pignoris capio eine außergerichtliche legis actio war, berichtet Gaius selbst. Von den hier in Betracht kommenden, und bisher berührten legis actiones ist also nur die legis actio per sacramentum allgemein als eine gerichtliche zugestanden, und was die noch nicht erwähnte, und hier entscheidende legis actio per manus injectionem betrifft, so dürften auch bezüglich dieser hinreichende Anhalts= punkte vorhanden sein, sie für eine außergerichtliche, der pignoris capio ganz analoge legis actio zu halten. Gaius nämlich führt die legis actio per manus injectionem judicati, anf das XII. Tafelgesetz zurück, welches uns Gellius erhalten hat. Die herrschende Meinung, und so auch Schmidt, findet nun zwischen den Berichten des Gaius und Gellius über die legis actio per man. inj. judicati keinen Widerspruch, allein wenn man sie mit einander genau vergleicht, so dürfte dies doch nicht so zweifellos sein. Sollte nämlich zwischen Gaius und dem Zwölftafelgesetz die volle Uebereinstimmung herrschen, so dürfte man bei Gellius nicht lesen: Post deinde manus injectio esto, in jus ducito. Ni judicatum facit etc., sondern man müßte die Worte so umkehren: Post deinde in jus ducito, manus injectio esto. Ni judicatum facit etc. Denn ist das manum injicere nur ein gewöhnliches prendere, so ist dieses schon mit dem »in jus ducito« zugestanden, wie auch bei Livius lib. III. c. 48 das ducere ohne das prendere nicht möglich ist; dann aber wäre die Verfügung: post deinde manus injectio esto eine völlig überflüssige. Das Zwölf= tafelgesetz sieht also die außergerichtliche manus injectio als die eigentlich entscheidende an, indem es ihre Vorname in jure nicht einmal erwähnt, während umgekehrt Gaius die außergerichtliche manus injectio nicht kennt, diese legis actio lediglich in jure vornehmen läßt, und damit

---

[20]) Privat=Recht. S. 889.

von einer Anschauung ausgeht, die zwar für die spätere Zeit, nachdem an die Stelle der Privat=Execution die Staats = Execution getreten war, ihre volle Berechtigung hat, für die ältesten Zeiten aber nicht ganz sicher sein dürfte. Denn es ist nicht wenig auffallend, daß auch Livius die Sache genau so darstellt, wie das XII. Tafelgesetz bei Gellius: auch er kennt nur ein außergerichtliches manum injicere mit der vollen Wirkung einer legis actio, erwähnt die Vorname desselben in jure gar nicht, son= dern läßt auf das außergerichtliche manum injicere das in jus ducere, und hierauf das secum ducere folgen. In Uebereinstimmung damit steht auch die Definition der manus injectio, welche Servius (zu Virg. Aen. 10. v. 419) gibt: Wenn er nämlich sagt: manus injectio dicitur, quotiens nulla judicis auctoritate exspectata rem nobis debitam vindicamus, so meint er damit offenbar ein außergerichtliches manum injicere, auf welches ein in jus ducere folgte, weil sonst die Worte: nulla judicis auctoritate exspectata ebenfalls eine müßige Zuthat wären. Da jedoch der Bericht des Livius III. lib. c. 44, §. 6 — 12 und c. 45 §. 1 — 3 nun allgemein anders aufgefaßt, und in Folge dieser Auffassung ver= worfen wird, die angedeutete Erklärung desselben aber erst unten bei der Darlegung des ganzen Processes ihre Rechtfertigung finden kann, so soll hier weder Livius noch Servius zu Gunsten des Gellius geltend gemacht werden. Um nun für seinen Bericht anderweitige Beweise zu ge= winnen, und zugleich ten weiteren, oben angeführten Einwendungen Schmidt's bezüglich der Grundform der legis actio per manus injectio= nem, des weiteren Verlaufes dieser Proceßart, und der Solennität des Actes des manus injicere zu entgegnen, so muß hier in Erwägung ge= zogen werden: Der Begriff der manus und der injectio, die Voraus= setzungen der manus injectio, die Grundform dieser legis actio und der Bericht des Gaius über dieselbe, die Wirkungen der manus injectio, ihr Zusammenhang mit dem in jus ducere, die Natur der Executions=Ord= nung der XII Tafeln, welche uns Gellius erhalten hat, endlich ob und in wie fern das außergerichtliche manum injicere ein solenner Act war, und ob er von dem praetor wiederholt werden mußte.

Wie nach Ulpian [21]) das ganze römische Recht zunächst in das jus publicum und jus privatum eingetheilt wird, so zerfällt auch die ganze

---

[21]) L. 1. §. D. de justitia et jure (I. 1.): Hujus studii duae sunt positiones, pu=blicum et privatum. Publicum jus est, quod ad statum rei Romanae spectat; privatum, quod ad singulorum utilitatem. — — Publicum jus in sacris, in sacerdotibus, in magi=stratibus consistit, privatum tripartitum est.

Rechtsfähigkeit eines selbstständigen römischen Bürgers zunächst in zwei Theile, welche mit den Ausdrücken caput und manus bezeichnet werden. Das öffentlich-rechtliche Gelten desselben heißt caput, das privatrechtliche dagegen manus. Nach der römischen Auffassung ist daher manus (Hand-recht) das rechtliche Verhältniß des Herrn zu jedem Rechtsobjecte, im allgemeinsten Sinne, also die rechtliche Herrschaft oder Eigenmacht über jedes Rechtsobject [22]).

Nach der Seite des materiellen Privatrechtes fällt nun manus mit dem Familienrechte zusammen, welches die ehehernliche und väter-liche Gewalt, die Herrschaft über Sachen (das Eigenthum im eigent-lichen Sinne und die aus derselben entspringenden Veräußerungsrechte) in sich schließt. Faßt man aber das Eigenthum im weiteren und ursprünglichen Sinne auf, so erscheint der pater familias als Eigenthü-mer gegenüber einem jeden Rechtsobject im allgemeinen Sinne dieses Wortes, denn: pater est, qui in domo dominium habet. Daher steht die Frau in manu mariti, die Kinder befinden sich in manu patris, wie es Livius III. c. 45 §. 2 ausdrücklich ausspricht, und worauf auch die emancipatio des Sohnes oder der Tochter hindeutet. Aber auch die Sachen, wozu auch die Sclaven gehören, befinden sich in manu domini. Die Gegenstände des alten, aus höheren Rücksichten besonders ausge-zeichneten, echt-römischen Eigenthums heißen res mancipi, ihre Erwer-bung und Veräußerung heißt mancipatio, der Sclave heißt mancipium und seine Entlassung aus der manus: manumissio. So sagen noch die XII Tafeln: uti legassit super pecunia tutelave suae rei, ita jus esto (V. frg. 3), wo also auch die Kinder zur res gezählt werden. Dem zufolge heißen die Kinder in der väterlichen Gewalt sui, die Frau ist so viel als sua, und die res sind ohnehin suae. Theoretisch ist also das Recht des pater in allen diesen Richtungen dasselbe; überall kömmt seine manus wieder zum Vorschein, praktisch scheidet es sich gegenüber der Frau als manus im eigentlichen Sinn, gegenüber den Kindern als patria potestas und gegenüber den Sachen als dominium im eigentlichen Sinne. Diese theoretische Identität der Gewalt des pater schimmert noch lange durch alle ihre praktischen Unterschiede hindurch.

Nach der Seite des formellen Privatrechtes äußert sich diese manus

---

[22]) Zu vgl. Göttling: Geschichte der römisch. Staatsverfassung, 1840, S. 51; Lange: Röm. Alterth. I. S. 85; Mommsen: Römische Geschichte, I. S. 53; Ihering: Geist des R. R. I. S. 112; Ahrens: Juristische Encyklopädie. I. Theil. S. 273. Wien 1855.

als legale Selbsthilfe [23]), als die justa vis des vindicare. Denn: manus injectio dicitur, quotiens — rem nobis debitam vindicamus. Der Act, welcher den Eintritt der in der Form der legalen Selbsthilfe auftretenden rechtlichen Herrschaft symbolisch andeutet, wird mit manum injicere, manu capere bezeichnet, und bestand im Falle ihrer Geltendmachung gegen Personen darin, daß man, wie Gaius sagt (IV. 21) einen Theil des Körpers des Beanspruchten berührte. Die injectio ist also der symbolische Ausbruck des Eintrittes der manus, in dem eben entwickelten Sinne dieses Wortes. So sagt Ovid von den Liebeszeichen, die sein Eigenthum werden sollen: Et dicam, mea sunt, injiciamque manus (Amor. lib. I. eleg. 4. v. 40). Quid facis? exclamo, quo nunc mea gaudea differs? Injiciam dominicas in mea jura manus. (Amor. lib. II. eleg. 5. v. 30 etc.)

Ebenso Fast. lib. IV. v. 89 etc., wo er den Monat April ein Eigenthum der Venus werden läßt:

Aprilem memorant ab aperto tempore dictum,

Quem Venus injecta vindicat alma manu.

Quintil. declam. 359 : Publicanus noluit scrutari; translatis manus injicit et suos dicit. Augustinus c. academ. c. 1 : jam tibi injecisset manum suique te juris esse proclamans et in bonorum possessionem traducens. Donatus ad Terent. Phorm. II. 2, 20. Ducent damnatum, secundum jus scilicet, quo obaerati, cum solvendo non essent, ipsi manu capiebantur. Macrobius ad Virg. Aen. 10. v. 419: Hic proprietatem et humani et divini juris executus est. Nam ex manus injectione paene mancipium designavit, et sacrationis vocabulo observantiam divini juris implevit. —

Was die Vorbedingung des Eintrittes dieser rechtlichen Herrschaft oder Eigenmacht war, zeigt Ihering weitläufig (Geist ꝛc. I. Th. S. 121 — 151). Sie bestand in der Zweifellosigkeit des geltend zu machenden Rechtes. Um nun mit dem Fall der manus injectio zu beginnen, welcher eintrat, wenn Jemand als Sclave in Anspruch genommen wurde, so ist vorerst zu bemerken, daß die Formen des ältesten römischen Rechtes nur für die engen Kreise der römischen Stadtgemeinde berechnet waren, worauf so Manches hindeutet, was ohne diese Annahme unerklärlich bliebe, wie z. B. die älteste Form der in jus vocatio, und des Vindicationsprocesses [24]). In der kleinen römischen Stadtgemeinde mußte es aber hinrei-

---

[23]) Ihering: Geist ꝛc. I. Thl. S. 146; Danz: Sacraler Schutz. S. 7—10.

[24]) Zu vgl. Theodor Muther: Sequestration und Arrest; Leipzig 1855. S. 111. und Wetzell: Vindicationsproceß S. 47.

chend bekannt sein, wer frei und wer Sclave war, zumal da in Rom
an den status libertatis und civitatis sich so wichtige Rechte knüpften,
daß diese dem Menschen erst das eigentliche Dasein gaben. Dem ganzen
Alterthum war ferner die Unterscheidung zwischen Gesellschaft und Staat,
Gesellschaftsrecht und Staatsrecht fremd: Die Summe der Bürger, das
Volk war der Staat (civitas, res publica — res poplica — res pop (u)-
lica); so konnten denn Rechtsgeschäfte schon für öffentlich garantirt und
die daraus entspringenden Rechte schon für zweifellos gelten, wenn das
Volk oder der Staat durch Vermittlung auch nur von 5 Zeugen [25]), etwa
als Repräsentanten der 5 Klassen, von der Existenz derselben Kenntniß
nahm: das Recht der Freiheit erscheint dem gegenüber gleichsam vom
ganzen Staate garantirt und der Angriff auf dieselbe ist ein Angriff auf
die Garantie des ganzen Staates. Daher gehörten die Freiheitsprozesse
vor das aus einem Volksausschusse bestehende Richter-Collegium der Decemviri [26]). Wer also gegen einen in der Freiheit Lebenden die manus
injectio vornahm, war gewiß seines Rechtes vollkommen sicher. Es lag
in dem eigenen Interesse eines Jeden, das höchste Gut eines Römers
nicht widerrechtlich anzutasten; einen lehrreichen Beleg dafür bietet eben
der Proceß der Verginia: eine arme Plebejerin ($\pi\acute{\alpha}\varrho\vartheta\varepsilon\nu o\varsigma$ $\pi\varepsilon\nu\iota\chi\varrho\acute{\alpha}$)
(Diodor. XII. c. 24) hat den mächtigsten Patrizier gestürzt. Der Sclave
unterschied sich nicht bloß äußerlich vom Freien, sondern er gehörte auch
zu den res mancipi, und das Recht auf ihn war dem Herrn öffentlich
garantirt. Wurde nun seine manus wirklich unterbrochen, so war sein
Recht auf ihre Geltendmachung ebenfalls zweifellos. In den der späteren
Zeit angehörigen Fällen, in welchen die manus des Herrn unterbrochen
worden war, aber vertragsmäßig wiederaufleben sollte, war das Recht des
Herrn gegen den in der Sclaverei Lebenden ebenso außer Zweifel gestellt;
nur ist diese Art der manus injectio durch ein besonderes, unten näher
zu bezeichnendes Merkmal von den anderen Fällen unterschieden.

Wenn ferner der Dieb an der That ertappt wurde, so mußte dieß
ebenso als die confessio die Zweifellosigkeit des gegen ihn geltend zu
machenden Rechtes begründen, welches dem Verletzten nach dem herrschen-

---

[25]) Die alte Bezeichnung des Zeugen ist superstes: Festus v. superstites, p.
305 (Müller): superstites testes praesentes significat. Superstes, von $\acute{v}\pi\acute{\varepsilon}\varrho$ und $\check{\iota}\sigma\tau\eta\mu\iota$,
ist also Jemand, welcher zum Schutze ($\acute{v}\pi\acute{\varepsilon}\varrho$) dasteht, also der Garant. Daher mußten
die Zeugen auch cives Romani und puberes sein. Gains II. 103.

[26]) Rein Privatrecht. S. 869, Rudorff R. G. II. S. 29.

ben Princip ursprünglich der Privatrache [27]), später lange Zeit einer ge=
milderten Form der Selbsthilfe eingeräumt war [28]). Die Fälle der manus injectio, bei welcher zu der Publicität auch noch die Liquibität des
auf eine Geldschuld sich beziehenden Anspruches hinzutreten mußte,
sind nicht bestritten, nämlich die Fälle der manus injectio gegen den testamento und nexu damnatus, gegen den confessus, gegen den judicatus
und den, welcher pro judicato galt. Das Merkmal der Liquibität ist in
den früher besprochenen Fällen durch die Natur der Sache ausgeschlossen.
In gewisser Beziehung bestritten ist noch der Fall der manus injectio
gegen den der in jus vocatio nicht Folge leistenden. Während nämlich Puchta
ihn unter die Fälle der legis actio per manus injectionem aufgenommen
hat, (Institut. II. S. 96, Note i) stellt es Schmidt (S. 77, 78) in
Abrede,'daß dieser Fall zu den Fällen dieser legis actio gehöre, und folgert daraus, daß man, wenn auch dem »manum injecit« bei Livius ein
formell juristischer Act zugestanden würde, gleichwohl die Nothwendigkeit
einer nachfolgenden legis actio dieser Gattung in Abrede stellen müßte.
Allein hier dürfte zunächst zu unterscheiden sein, welche Natur die Weige=
rung des in jus vocatus hatte. Die bezüglichen XII Tafelfragmente lauten
nach Dirksen [29]) (Tafel I. Frg. 1 und 2).:

Frg. 1. Si in jus vocat, ni it, antestator: igitur em capito.
(Porph. zu Horat. Sat. lib. I. Sat. 9 v. 65.)
Frg. 2. Si calvitur pedemve struit, manum endo jacito.
(Festus v. struere.)

Wenn es bei der Unbekanntschaft der handschriftlichen Grundlage
erlaubt ist, der Leseart des Carrio [30]) im ersten Fragmente volles Vertrauen
zu schenken, so fehlt in demselben gerade der entscheidende Ausdruck manus, so daß ohne diesen das capere die unten näher anzugebenden Fol=
gen der manus injectio nicht haben, sondern nur die Anwendung der

---

[27]) Rein: Kriminalrecht der Römer. Leipzig 1844. S. 36 ff. Ihering: Geist. rc.
I. S. 127—129.

[28]) Ich hoffe noch an einem anderen Orte weitläufiger zu zeigen, daß im Falle
des furtum manifestum und des ihm gleichgestellten furtum per lancem et liceum con-
ceptum die manus injectio Statt fand, und daß Gaius nur wegen der Unbekanntschaft
mit dem System der alten Selbsthilfe über ein XII. Tafelgesetz ein so hartes Urtheil
fällen konnte. (lex ridicula III. 193).

[29]) Uebersicht der bisherigen Versuche zur Kritik und Herstellung der XII. Ta=
felfragmente, Leipzig 1824. S. 724.

[30]) Dirksen daselbst S. 134—140, und Rein: Privatrecht. S. 891. Anm. 2.

physischen Gewalt in sich schließen dürfte, wie solche Plautus (Persa II. 4, 18) auch bezüglich des vadimonium andeutet: Sagastrio: vadatur hic me. Paegenium: Utinam vades desint, in carcere ut sis. Im zweiten Fragment dagegen ist die manus injectio ausdrücklich ausgesprochen. Welche Wirkungen diese manus injectio hatte, kann erst unten angegeben werden; hier ist nur so viel zu untersuchen, ob diese Fälle der Weigerung eine Verschiedenheit ihrer Natur nach enthalten, und ob auch diese manus injectio die Zweifellosigkeit des Rechtes zur Voraussetzung hat.

Die Vorbedingung des capere im ersten Fragment ist das non ire und das ante stari; die manus injectio in zweiten Fragment hat das calvi pedemve struere zur ausdrücklichen, und die Anrufung von Zeugen wahrscheinlich zur stillschweigenden Voraussetzung. Es leuchtet von selbst ein, daß das bloße non ire (nicht sofort gehen) und das calvi (betrüglich zögern) und pedem struere (den Fuß zurechtsetzen, Fluchtversuche machen) von einander verschieden sind, und nicht gleiche Wirkungen haben können. Wer Fluchtversuche macht, dem wird man nicht viel Unrecht thun, wenn man ihn als einen der Insolvenz geständigen Schuldner, oder überhaupt als confessus behandelt. Denn nachdem an die Stelle der Privat-Execution die Staats-Execution getreten war, gab der Prätor schon nach dem jus honorarium die bonorum venditio gegen jenen, qui fraudationis causa latitat, und das jus extraordinarium (das nicht republikanische jus) führte ein Contumacial-Verfahren ein, nach welchem gegen den Latitanten sogar mit einer Definitiv-Verurtheilung und Execution vorgegangen werden konnte, sobald er der obrigkeitlichen denuntiatio oder den litterae commonitoriae oder dem ihm zur Kenntnis gelangten edictum nicht Folge leistete. Bedenkt man nun, daß das jus honorarium die Principien des jus civile festhielt, und sie nur in einer den Zeitbedürfnissen entsprechenden Form realisirte, so dürfte es erlaubt sein, zurückzuschließen, daß jener, welcher Fluchtversuche machte, auch früher als confessus behandelt wurde. Allein beim System der Selbsthülfe und der privaten Personal-Execution konnte und durfte der Gläubiger nicht warten, bis ihm der Schuldner wirklich entfloh, oder sich ihm wirklich verbarg; dieß konnte und kann nur der Staat thun, dessen Arm weit genug reicht, um den böswilligen Schuldner überall zur Erfüllung seiner Pflicht zu zwingen. Auch moderne Gesetzgebungen sehen in dem Sich-Verbergen und in Flutversuchen ein indirektes Geständniß der Insolvenz, und lassen dafür besondere Folgen eintreten [31]).

---

[31]) Das den §. 4 der österr. allg. Konkurs-Ordnung vom 1. Mai 1781 er=

Wir gelangen nun zur Frage, ob die legis actio per manus injectionem judicati die **Grundform** dieser Executivklage war, oder ob dieser Fall der manus injectio unter den übrigen Fällen zuerst gedacht werden müsse. Ehe dieß erörtert werden kann, muß vorerst erwogen werden, wo die Quelle des Rechtes und seiner Verwirklichung liege; denn die manus injectio judicati kann nur unter der Voraussetzung die Grund- form sein, daß die Quelle des Rechtes der Staat war, und die Rechts- verwirklichung mit dem Zeitpunkt begann, in welchem dieser dafür schon besondere Rechtsorgane aus sich herausgebildet hatte.

Wie nun Dahlmann treffend bemerkt, ist der Urstaat die Familie: in ihr liegen die Keime aller Rechtsbildung. Die in ihr sich bildenden Rechte verwirklichen sich fort, wenn sie sich zum Geschlechte, die Geschlechter zum Stamme, die Stämme zum Volksstaate, und der Volksstaat sich so- gar zum Völkerstaat erweitert [32]). Denn der Typus der Familie wird oft gar lange über das Familienleben hinaus bewahrt, wie dieß die Ent- wicklungsgeschichte des römischen Staates bezeugt, und wie der Familien- typus in der Staatsorganisation China's sich in großartiger Weise er- halten hat. So war denn nicht der Staat, sondern das Individuum die Quelle des Rechtes — eine Anschauung, welche auch die Natur des römischen Rechtes bestätiget [33]) —, und das Organ, welches die Privatrechte an- fänglich verwirklichte, war das Rechtssubject selbst. Denn die ursprüngliche Form der Verwirklichung der Privatrechte war sowohl bei den Juden [34]) als Griechen [35]) und Römern [36]) die Selbsthilfe. Diese tritt bei den Römern in der Form der manus injectio auf, und da schon bei den ta- rentinischen Herakleoten der Schuldner mit dem Leibe haftet [37]), so scheint die manus injectio sogar in die gräco-italische Zeit hineinzureichen

---

gänzende Hofdekret vom 5. November 1790 gestattet unter bestimmten Bedingungen gegen die Latitanten die Eröffnung des Konkurses und der §.1365 des österr. all- gemeinen bürgl. Gesetzbuches gibt im Falle einer gegründeten Besorgniß der Entfer- nung des Schuldners aus den Erbländern seinem Bürgen das Recht, Sicherstellung der verbürgten Schuld noch vor dem Verfallstage derselben zu verlangen.

[32]) Zur Vergl. Ahrens: Organische Staatslehre, Wien 1850. 1. Theil. S. 94 ff. und Juristische Encyklopädie. Wien 1855. 1. Theil. S. 100 ff.

[33]) Jhering, Geist des römischen Rechtes. 1. Theil. S. 105 ff. 118, 147 ff. 211 ff.

[34]) Ewald, Alterthümer des israelitischen Volkes. Göttingen 1854. S. 211.

[35]) Schoemann und Maier, Der Attische Proceß. S. 744.

[36]) Jhering, daselbst. 1. Theil. S. 113.

[37]) Lange, Römische Alterthümer. 1. S. 155.

Die manus injectio muß daher lange früher in Anwendung gewesen sein, als es ein ständiges Richter-Collegium oder einen vom praetor be-stellten judex gab. —

Wenn nun die Sclaverei in dem Rechte des Siegers über den besiegten wurzelt und Kriege früher geführt wurden, als ein Richter-Col-legium oder ein vom praetor bestellter judex thätig war, so muß noth-wendig die manus injectio gegen den als Sclaven beanspruchten früher gedacht werden, als die manus injectio judicati. Wenn ferners die ältere Procedur gegen den fur manifestus in der Privatrache begründet ist [38]), und diese früher wirkte als die addictio des Prätors, so muß auch die manus injectio gegen den fur manifestus früher gedacht werden, als die manus injectio judicati. Aber auch von den unbestrittenen Fällen der manus injectio dürften einige vor die manus injectio judicati zu setzen sein. Die herrschende Meinung [39]) betrachtet nämlich die manus injectio pro judicato als die nächste Fortbildung dieser legis actio, subsumirt aber unter die Fälle jener auch die manus injectio gegen den confessus und den nexu und testamento damnatus. Was nun die manus injectio gegen den confessus betrifft, so ist dem Zwölftafelgesetz die Anschauung, daß die confessio nur ein Surrogat des richterlichen Urtheiles sei, noch so fremd, daß es vielmehr das richterliche Urtheil als einen allfälligen Ersatz der confessio ansieht. Denn das Zwölftafelgesetz stellt ausdrücklich die confessio v o r das judicatum, folglich muß auch die manus injectio gegen den confessus früher gedacht werden, als die gegen den judicatus. Würde nämlich das Zwölftafelgesetz das judicatum als Hauptsache, die confessio aber nur als einen allfälligen Ersatz desselben betrachten, so dürfte es nicht lauten: aeris confessi rebusque jure judicatis etc., sondern es müßten vielmehr die Worte so umgekehrt werden: Rebus jure judicatis aerisque confessi etc. Es liegt auch in der Natur der Sache, daß die Sentenz des Richters dem Kläger keine größere Evidenz seines Rechtes verschaffen kann, als die eigene confessio des Beklagten; eine Anschau-ung, die so ganz den ältesten Zeiten entspricht, und die gewiß die Ver-anlassung war, daß die Decemvirn der confessio den Vorrang vor dem judicatum eingeräumt haben.

Der confessus unterwirft sich der Execution, ohne es auf ein judicium ankommen zu lassen, und da das nämliche bei dem damnatus nexu und testa

---

[38]) Jhering, I. Thl. S. 130. ff. Rein. Criminalrecht. S. 36—42.
[39]) Rudorff, R. G. II. Thl. S. 85.

mento fogar in einem höheren Grade der Fall ist, so muß diese damnatio der confessio zum mindesten gleichgestellt werden. Diese beiden Fälle der damnatio liegen ebenfalls schon in den Bestimmungen der Zwölftafelgesetzgebung: cum nexum faciet mancipiumve, uti lingua nuncupassit, ita jus esto (VI. Frg. 1); uti legassit super pecunia tutelave suae rei, ita jus esto (V. Frg. 3), und da die Bestimmungen über das Schuldrecht und die patria potestas den ausschließlich römischen Rechtsanschauungen angehören, so ist es auch nicht zweifelhaft, daß die Decemviralgesetzgebung damit nur Grundsätze des alten Gewohnheitsrechtes anerkannt hat. Durch das unbedingte »ita jus esto« ist dem Privatwillen eine fast noch größere Freiheit eingeräumt, als sie die Natur der confessio zuläßt, was auch der Begriff der damnatio und des damnare andeutet. Denn damno ist die contrahirte Form von damnao: »ich bringe in unbeschränkte Gewalt«, und kommt in derselben Form und Bedeutung auch im Griechischen vor, z. B. bei Homer Il. V. 391; XIV. 199, Odyss. XI. 221. Das griechische δαμνάω ist eine Nebenform von δαμάω, welches dieselbe Bedeutung hat. Daher kommt dieser Ausdruck bei den Griechen überall da zur Anwendung, wo von einem solchen Gewaltverhältniß die Rede ist, für welches die Lateiner den Ausdruck manus brauchen. Den Feind in die eigene unbeschränkte Gewalt bringen heißt δαμνᾶν, δαμᾶν (z. B. Hom. Il. III. 429), und in der Folgebedeutung heißt δαμνᾶν, δαμᾶν, auch tödten (z. B. Il. XI., 98). Die Frau heißt δάμαρ, weil sie sich in der manus ihres Gatten befindet, und in der Ilias XVIII. 432 sagt die Thetis, Zeus hätte sie dem Peleus in die manus gegeben, d. h. sie ihm vermält. (ἐκ μὲν μ' ἀλλάων ἁλιάων ἀνδρὶ δάμασσεν Αἰακίδῃ Πηληΐ). Weil auch der Sclave und die Sclavin sich in der manus ihres Herrn befinden, so heißt δμώς: der Sclave, und δμωή: die Sclavin. Vom griechischen δαμάω ist auch das lateinische domo = domao abzuleiten; auch domare heißt »in unbeschränkte Gewalt bringen« und das davon abgeleitete Substantiv dominus bezeichnet den »Träger der unbeschränkten Gewalt«, weshalb auch dominari »die unbeschränkte Gewalt ausüben« heißt. Damnatus oder damnas heißt also jener, welcher einer unbeschränkten Gewalt überliefert, oder Jemanden verfallen ist [40]. Daher sagt die Formel: quod tu mihi damnatus

---

[40] Rudorff, R. G. II. S. 339 leitet das lateinische damno vom griechischen δάω, δαίω, δάνω, δάπτω (ich theile, zerreiße, zerstöre) ab; Pott (Etymol. Forschungen I, Thl. S. 161) bringt es mit dare (poenas dare) in Verbindung; Lange (Alterthümer I. S.113) leitet dominus vom griechischen Particip. δόμενος ab, und erklärt es mit »Geber.« Curtius (Grundzüge der griechischen Etymologie 1858. S. 198) bringt δάμνημι, δαμάω,

2

es sestertium decem milia etc., foviel als: weil bu mir in Bezug auf 10.000 Sefterzen verfallen bist. 2c. Ju condemnare bezeichnet »con« (cum = zufammen) eine Berbindung, eine Uebereinftimmung (z. vrgl. condicere, condictio), und deutet auf den Beklagten hin, welcher sich durch die litis contestatio vertragsmäßig dem damnari unterworfen hatte.

Alfo sagt die Formel: judex Negidium Agerio condemna genau so= viel als : »judex überliefere den Negidius in Gemäßheit seiner eigenen Erklärung dem Agerius in »unbeschränkte Gewalt«. Voti damnas ift jener, welcher von den Göttern der Gewalt des Berletzten überliefert ift. (Danz: Sacraler Schutz S. 223) und damnum ift der Berfall, die Einbuße, der Schaden. Daher umschreiben Servius (zu Virg. Aen. IV. 699) und Nonius (p. 276 Mercer) damnare richtig mit damno afficere. z. B. pecuniae, quadrupli, capitis, was nun Jemanden »mit dem Berfall einer Gelbfumme, des quadruplum, des caput belegen« bedeutet. Wer sich alfo zum damno affici gleich beim Abschluß eines Rechtsgeschäf= tes verpflichtet, der verzichtet auf den Rechtsweg und unterwirft sich von vornherein der Execution und der manus injectio, so daß seine Selbstbe= stimmung dadurch sogar in einer größern Freiheit erscheint als bei der confessio. Die damnatio beruht in beiden Fällen auf dem Privatwillen, nur daß die Berpflichtung zu diefer Unterwerfung beim nexum durch den Privatwillen des nexus, beim testamentum aber durch den Privat= willen des Erblaffers begründet, und vom Erben genehmigt wird. Da nun diefe beiden Fälle der damnatio dem alten Gewohnheitsrechte ange= hören, und darin der Privatwille sich in jener vollen Unbeschränktheit zeigt, welche gerade die ältesten Zeiten der Selbsthilfe kennzeichnet, so ge= hören sie in die ältesten Zeiten, und müßen nicht bloß vor der damnatio, welche in späterer Zeit die Staatsgewalt ausprach (nach Gaius IV, 22 zuerst in den Jahren 390 und 345 v. Chr.) fondern auch vor der ma= nus injectio judicati gedacht werden. Das judicatum gewann erst dann eine vorwiegende Bedeutung, als in Folge der Erweiterung des Berkehrs, des Umschwunges der religiösen, moralischen und politischen Berhältniffe der Privatwille und die Selbsthilfe eine selbstverständliche Beschränkung er= fahren hatten, und die Staatsgewalt genöthigt war, immer mehr Ge=

δαμνάω, δάμαρ, δμώς mit domo, domitor, dominus in richtige Berbindung, überfieht jedoch dabei das rechtliche Moment, und hält δαμᾶν, domare nur für ein phyfifches »zäh= men, bändigen« Für den »Träger der manus« hat der Lateiner noch einen bezeichnenderen Ausdruck, nämlich: herus, vom Stamme χερ, wovon χείρ = manus, χέρ-ης und αὶ χερρὶς entstanden ift.

genſtänbe in den Bereich ihrer Thätigkeit zuziehen. Die hier ausgeſprochenen Anſchauungen über das Verhältniß der Staatsgewalt zur Realiſirung der Privatrechte und über die Bedeutung des judicatum würden ihre weitere Beſtätigung in einer Darlegung der geſchichtlichen Entwicklung des römiſchen Proceſſes finden, allein da dieß hier möglich iſt, ſo ſollen nur einige Bemerkungen über die Natur des älteſten Proceſſes noch gemacht werden. Da wir nämlich ſehen, daß das Verhältniß der Staatsgewalt zur Realiſirung der Privatrechte mit jeder kommenden Epoche ein engeres wird, und folglich deſto lockerer erſcheint, in je frühere Zeiten man zurückſieht, ſo iſt auch von der erſten uns bekannten Geſtaltung des römiſchen Proceſſes ein Rückſchluß auf ſeine Beſchaffenheit in den früheren Zeiten möglich.

Die erſten richterlichen Collegien waren die Collegien der pontifices und der Decemviri ſſlitibus judicandis. Die Gerichtsbarkeit der erſteren war eine geiſtliche und bezog ſich, wenn man vom Strafrechte abſieht, auf die Ehe (auf Ehehinderniſſe, Ehetrennungen ꝛc.), auf das Trauerjahr, den Eid, das votum und die Teſtamente [41]); die Decemviri, deren Einſetzung in die Zeit der Einführung der Volkstribunen geſetzt wird [42]), ſcheinen ſie zum Theile abgelöſt zu haben, denn ſie werden für das 4. Jahrhundert a. u. c. als die einzigen Sacramentsrichter [43]) angenommen, wiewohl ihre Competenz nur bezüglich der Statusproceſſe ſicher ſteht (Cicero p. Caecin 33, p. domo 29). Die Competenz dieſes letzteren Collegium's dürfte aber keine beſonders umfangreiche geweſen ſein. Wenn nun alle neben den Decemviri beſtellten judices privati thatſächlich nur arbitri waren [44]), ſo läßt ſich auch ſchließen, daß vor Errichtung dieſes Collegiums in jenen Streitigkeiten, welche das Sacralrecht nicht berührten, alle judices die nämliche Eigenſchaft beſaßen. Auch die Natur des älteſten Prozeſſes ſcheint dieß zu beſtätigen. Denn jede der beiden Parteien heißt urſprünglich nur reus, gerade wie bei der stipulatio; ſie ſind alſo nur Compaciscenten, welche ſich der ſchiedsrichterlichen Meinung (sententia) und dem damnari vertragsmäßig unterwerfen: reus nunc dicitur, qui causam dicit, et item, qui quid promisit, spondive ac debet. At Gallus Aelius libro secundo significationum verborum, quae ad jus pertinent, ait: reus est, qui cum altero litem contestatem habet, sive his (= is) egit, sive cum eo actum est. (Festus v. reus p. 273 Müller.) Beides beſtätiget Cicero

---

[41]) Jhering. I. S. 259 ꝛc.

[42]) Rein: Privatrecht. S. 870.

[43]) Ruborff: R. G. II. S. 33 und daſelbſt Anm. 32; Keller: Civilproceß. S. 17, 18. Puchta Juſt. I. §. 41; II. §. 153.

[44]) Keller. Daſelbſt. S. 67.

pro Cluentio c. 43: voluerunt majores nostri non modo de existimatione cujusdam, sed ne pecuniaria quidem de re minima esse judicem, nisi qui inter adversarios convenisset. Daher erlischt durch diesen neuen Vertrag der frühere Rechtstitel, was die bekannten Folgen erzeugt. Ferner ist es lediglich Sache des Klägers, den Beklagten vor den Prätor zu schaffen, und gelingt ihm dieß etwa wegen der bewerkstelligten Flucht des Beklagten nicht, so gibt es für ihn kein judicium, kein judicatum nnd folglich auch kein Contumacia gegen den Beklagten [45]). Vor den Prätor gekommen, tritt der Kläger nicht als Beschwerdeführer, sondern als Handelnder (actor) auf, er »klagt« nicht, sondern er handelt (agit) und zwar Kraft eigenen Rechtes und nach Vorschrift des Gesetzes (lege agere). Haben nun die Parteien den Proceß selbstständig instruirt und sich zum damnari verpflichtet, hat auch der judex seine sententia ausgesprochen, so ist es wieder Sache des Klägers, die Personal=Execution mit eigenen Mitteln durchzuführen. Der Prätor verhält sich also fast ganz passiv, die Parteien kommen in dieser Zeit bei der Verfolgung ihrer Privatrechte mit der Staatsgewalt nur in so ferne in Berührung, als sie genöthigt sind, ihre Rechte vor den Augen der Staatsgewalt zu realisiren. Der judex gibt ihnen also kein Recht, sondern empfängt umgekehrt seine ganze Machtbefugniß aus ihren Händen. In dem auf den Legiactionenproceß folgende Formularproceß greift zwar der Prätor zum ersten Male in den Proceß ein, und, um Analoges mit modernen Ausdrücken zu bezeichnen, das frühere mündlich-accusatorische Verfahren geht in ein mündlich-inquisitorisches über, dessen Ergebniß schließlich eine kurze schriftliche Redaction erhält, allein der judex behält seine frühere Eigenschaft bei, und behauptet sie, wenn auch verdunkelt, noch lange Zeit [46]).

Es bleibt nur mehr übrig, die Darstellung in Kürze zu berühren, welche Gaius IV. 21—22 über die Entwicklung der legis actio per manus injectionem gibt. Im §. 21 beginnt Gaius mit der manus injectio judicati, führt sie auf das Zwölftafelgesetz zurück und sagt gleich darauf im §. 22: postea quaedam leges ex aliis quibusdam causis pro judicato manus injectionem in quosdam dederunt, erklärt dann den allgemeinen Ausdruck quaedem leges durch die zwei Beispiele der lex Publilia (390 v. Chr.) und der lex Furia (345 v. Chr.) und schließt diese Beispiele schnell wie=

---

[45]) Zu vgl. Rudorff R. G. II. S. 310.

[46]) Zu vgl. Bethmann=Hollweg: Civilproceß 1834. S. 2—6, 277 ff. Jhering I. S. 145, 153—163, Cicero pro Murena cap. 12. (wo er über die Juristen spottet, weil sie nicht wüßten, ob man judex oder arbiter sagen sollte).

der mit der allgemeinen Bemerkung: et denique complures aliae leges in multis causis talem actionem dederunt. Gaius will daher offenbar keine vollständige Geschichte dieser legis actio geben; er übergeht die älteste Zeit ganz, erwähnt auch die manus injectio gegen den confessus nicht, ungeachtet sie an der Spitze des bezüglichen Zwölftafelfragmentes steht, und somit dort den ersten Rang einnimmt, berührt nur die in späterer Zeit wichtiger gewordene manus injectio judicati, und geht dann alsogleich auf die Jahre 390, 345 v. Chr. über, um solche Fälle der legis actio per manus injectionem anzuführen, welche sich wirklich schon an die legis actio per manus injectionem judicati anschließen, nämlich die Fälle der durch den Willen der Staatsgewalt ausgesprochenen damnatio.

Wenn nun Puchta in dem Falle bei Livius eine eigentliche legis actio per manus injectionem sieht, so braucht er sie nicht in die Fälle der m. inj. pro judicato einzuschieben, wohin sie gar nicht gehört, und was die ihm in Abrede gestellten Quellen betrifft, so handelt es sich eben darum, daß diese erkannt werden.

Indem wir zu den Wirkungen der manus injectio übergehen, heben wir nochmals hervor, daß der Staat in den ältesten Zeiten die Verwirklichung der Privatrechte nur als Privatsache eines Jeden betrachtete. Waren nun die gesetzlichen Bedingungen zur Geltendmachung der rechtlichen Herrschaft über eine Person vorhanden, so stand es bei der Partei, die bezügliche Person sich zu unterwerfen. Die so unterworfene Person war nun jenem, welcher die manus injectio gegen sie vorgenommen hatte, nach Beschaffenheit der Fälle entweder für immer oder nur für eine kürzere Zeit verfallen, und wie alle Personen, welche in manu (im weitesten und ursprünglichem Sinne des Wortes) waren, keine persona standi in judicio hatten, so verlor auch der so Unterworfene die persona standi in judicio (zu vgl. Jhering I. S. 149). Daß das manum injicere nicht die vorübergehende Wirkung eines bloßen physischen Ergreifens hatte, sondern daß die so eingetretene rechtliche Herrschaft an der ergriffenen Person ruhen blieb, deutet Gaius selbst an, wenn er sagt: nec licebat judicato manum sibi depellere et pro se agere, sed vindicem dabat, qui pro se causam agere solebat. Dadurch aber, daß der Staat den Berechtigten gewähren ließ, entzog er dem Verpflichteten jede von ihm selbst ausgehende positive Hilfe (vgl. Danz: Sacral. Schutz S. 1—10). Die einzige Hilfe, die er dem Bedrohten gab, war fast nur eine negative: er hielt die Möglichkeit aufrecht, daß sich ein Dritter des Bedrohten annahm, und als vindex ebenfalls mit der justa vis auftrat. Wie es rämlich eine viudicatio in servitutem und, als **Rechtsmittel** gegen biese, eine vindicatio in libertatem gab, so scheint es auch nicht bloß **eine ma**nus injectio in servitutem, sondern auch eine manus injectio in libertatem gegeben zu haben. **Letzteres läßt sich aus Livius** lib. VI. c. 14 folgern, wo er von **Manlius** erzählt: centurionem nobilem militaribus factis judicatum pecuniae quum duci vidisset, medio foro cum caterva sua accurrit, et m a n u m i n j e c i t. — Inde rem creditori palam populo solvit, libraque et aere liberatum emittit. Um die **Möglichkeit** dieser **Intervention** von **Seite** eines **Dritten** aufrecht zu erhalten, so verpflichtete der **Staat** für jene **Fälle**, wo ein vindex denkbar war, den **Berechtigten**, den **Beanspruchten** vor den **Magistratus** zu führen. Dieses in jus ducere ist also lediglich im **Interesse** des **Beanspruchten** verfügt, und hat keinen andern **Zweck** als die dreimalige ductio vor den **Prätor**, welche nach der ersten in jus ductio an den 3 nachfolgenden **Markttagen** zu **Gunsten** insolventer römischer **Bürger** als eine besondere **Rechtswohlthat** angeordnet war (**Gellius** XX. 1. §. 46—49). In **Fällen** von **Geldschulden** war, wie es sich aus **Livius** VI. 14 ergibt, die **Sache** abgethan, wenn der vindex im **Stande** war, den **Gläubiger** alsogleich zu befriedigen. **War** aber dieß nicht der **Fall**, so mußte die **Sache** auch in diesen **Fällen** vor den **Prätor** kommen. **War** der sich erbietende vindex ein tauglicher, so mußte er vom **Prätor** anerkannt werden. **Dabei** sind zunächst die **Fälle**, in welchen es sich um die **Bezahlung** einer **Geldschuld** handelte, von jenem der causa liberalis zu unterscheiden. **Bei** den ersteren konnte der vindex, wenn er das **Recht** des **Gläubigers** nicht bestreiten wollte, aber nicht im **Stande** war, die **Zahlung** alsogleich zu leisten, dem **Gläubiger Bürgen** stellen; oder er konnte die **Nichtigkeitsklage** anstrengen, wenn er die **Ansprüche** des **Gläubigers** für unbegründet hielt. (vgl. **Rudorff R. G.** II. S. 69 **Anm.** 5). **Bei** der causa liberalis hatte aber der **Prätor**, wenn er den sich erbietenden vindex einmal als tauglich anerkannt hatte, jedesmal eine **Vorverhandlung** zu gestatten, und dann durch seine **Friedens**vermittlung den status quo ante vorläufig wieder herzustellen. **Das Stattfinden** dieser **Vorverhandlung** wird unten in den **Anmerkungen** zu **Livius** lib. III. c. 44, §. 12 und c. 47. §. 4 nachgewiesen werden; die eben erwähnte **Besitzregulirung** dagegen ergibt sich sowohl aus der **Be**trachtung der zwei bei der causa liberalis möglichen **Fälle**, als auch aus anderen **Anhaltspunkten**. **Wenn** nämlich der **Beanspruchte** vorher für einen **Freien** galt, so standen sich zwei neu geltend gemachte **Ansprüche** entgegen; denn die vom anerkannten assertor in libertatem eben geltend ge-

machte manus stand der von Seite des assertor in servitutem geltend gemachten gegenüber, und die letztere mußte daher in Folge der Friedens-
Vermittlung des Prätors suspendirt werden. In diesem Falle hat also
die Regelung des Besitzes nothwendig die faktische Freiheit des Beanspruchten zur Folge. War dagegen der Beanspruchte früher Sclave, so
stehen sich nicht zwei neu geltend gemachte Ansprüche gegenüber, weil der
Herr des Sclaven keine manus injectio eben vorgenommen hatte. Der
Beanspruchte kann somit nicht schon jetzt, sondern erst nach der definitiven Einleitung des Processes, in welcher sich zwei gegenseitig aufhebende
Ansprüche geltend machen mußten, durch das vom Prätor dabei gesprochene »mittite ambo hominem« seine faktische Freiheit erlangen. Diese
Behauptung bestätiget zuerst der Bericht des Pomponius L. 2. §. 24.
D. de origin. juris etc. (I. 2). Pomponius erzählt nämlich, der Consul
Brutus habe in persona Vindicis, Vitelliorum s e r v i, die vindiciae secundum libertatem gegeben; und Appius habe dieses alte Gewohnheitsrecht
in die XII. Tafeln aufgenommen, (ex vetere jure in duodecim tabulas
transtulerat. — (Virginius) indignatus, quod vetustissima observantia
in persona filiae suae defecisset). Es ist kein Zweifel, daß Vindex nur
ein ebenso fingirter Name ist als Gaia, Agerius und Negidius, und daß
er nur dazu dient, einen Grundsatz aus dem alten Gewohnheitsrechte im
Gedächtniß zu erhalten (vgl. Rudorff R. G. I. 105 Anmerk. 5). So
sagt auch Appius bei Livius lib. III. c. 45 §. 2. von seinem in Rede
stehenden Gesetze, daß es seine unbedingte Anwendung nur auf Sclaven
habe. Eine weitere Bestätigung ist der Umstand, daß der Prätor auch bei
der eigentlichen Besitzregulirung nach vorgenommener legis actio noch in
späterer Zeit in der Regel nur de n status quo aufrecht erhielt (Puchta
Instit. II. S. 92) und von dieser Regel nur dann abwich, wenn es
besondere Rücksichten nothwendig machten, oder sein Verfahren durch eine
ausdrückliche Rechtsvorschrift bestimmt war, wie eben bei der causa liberalis. Endlich wird bei früheren Sclaven das liberi loco esse ausdrücklich erst nach dem ordinatum judicium: L. 25 §. 2 D. de causa liberali
(40, 12) und nach der causa ordinata: L. 24 pr. D. de causa liberali
(40, 12) erwähnt, und dieser Grundsatz auf das in Rede stehende Zwölftafelgesetz zurückgeführt. (Puchta: Instit. II. S. 510).

Nun kann auch die Frage beantwortet werden, in welchem Zusammenhange die manus injectio mit dem in jus ducere stand, oder wann
auf die manus injectio die in jus ductio folgen mußte. Den bisher entwickelten Grundsätzen zu Folge mußte dies nur in jenen Fällen geschehen,

wo ein vindex denkbar war. Wenn also ein Sclave seinem Herrn ent=
lief und dieser seiner bald wieder habhaft wurde, so war weder eine manus injectio, noch aus diesem Grunde ein vindex möglich, weil der Herr
seinen Sclaven noch animo besaß, und seine manus nicht unterbrochen
worden war (L. 3, §. 10 D. de acquirenda vel amittenda possessione
41, 2). Auf diesen Fall ist daher Schmidt's allgemein ausgesprochene
Behauptung zu beschränken, »daß ein Herr gegen jenen, welchen er seinen
Sclaven nennt, die in jus vocatio niemals vorzunehmen verpflichtet war,
und daß höchsten die ductio an ihrer Stelle gewesen wäre« (S. 75).
Ebenso ist ein vindex undenkbar, wenn in Fällen des Verkaufes eines
Sclaven der Verkäufer den Vertrag unter einer Resolutiv-Bedingung ab-
schloß, und sich damit das Wiederaufleben seiner unterbrochenen manus
folglich die manus injectio vorbehielt. Derartige Vorbehalte wurden in
späterer Zeit aus verschiedenen Gründen zu Gunsten des verkauften Sclaven selbst gemacht. Daher kann auch die manus injectio, welche in der
L. 9. D. de servis exportandis etc. (18, 7); L. 20, §. 2, D. de manumiss. (40, 1); L. 1, f. C. si serv. exp. (4, 55); L. 7. D. qui sine
manumiss. (40, 1); L. 10, §. 1, D. de in jus voc. (2, 4); L. un. C.
de latin. libert. (7, 6) erwähnt wird, nicht zu jenen Fällen gezählt werden, in welchem auf das manum injicere das in jus ducere folgte. Wenn
dagegen Jemand lange Zeit, oder wohl gar, wie die Verginia, von der
Geburt an, für einen Freien galt, da konnte man seine Freiheit nicht mit einem
Schlage vernichten, sondern da mußte für jeden Dritten der Rechtsweg offen
gelassen werden, und somit auf die manus injectio die in jus ductio folgen. Für Jemanden, welcher bisher für einen Freien gegolten hatte, waren vindices genug vorhanden, und im Falle der Verginia mehr, als es
Appius und Claudius wünschen mochten. Ein vindex war ferner möglich,
wenn die manus injectio gegen den fur manifestus, den testamento und
nexu damnatus, den confessus, den judicatus und gegen jenen vorgenommen
worden war, der pro judicato war. Was den Fall der manus injectio betrifft,
zu welchem Servius (ad Virg. Aen. 10, 419 *) seinen Commentar gibt, so
gehört dieser selbst freilich nicht hieher, denn Virgil will nur sagen, daß Halesus
den »Mächten des Todes verfallen war,« allein die Definition, welche Servius
da von der manus injectio gibt, bezieht sich gewiß auf den Fall, in welchem
auf das manum injicere das in jus ducere folgte; denn die Worte: judicis

---

*) Diese Stelle der Aeneis lautet: Injecere manum Parcae telisque sacrarunt
Evandri. —

auctoritate non exspectata find nur bann nicht müßig, wenn man fie auf das in jus ducere bezieht. Daher ist es nicht zu billigen, wenn Ruborff (R. G. II. S. 86, Anm. 1), in bem Falle ber manus injectio bei Livius nur eine »Besitzergreifung« unb im Falle bes furtum manifestum nur eine »Deprehenfion« erblickt, unb biefe Fälle, fo wie jenen ber Definition bes Servius, in bie Kategorie ber oben aus ben Digeften unb bem Codex repetitae praelectionis angeführten verfetzt. Denn bie erfteren haben mit ben letzteren barum nichts gemeinschaftliches, weil bei letzteren ein vindex gar nicht gebacht werden kann. Diefe feine Anficht finbet freilich barin ihre Erklärung, baß er bie mit ber in jus ductio verbunbene manus injectio auf liquibe Gelbschulben befchränkt, unb in allen anbern Fällen keine eigentliche manus injectio ficht [47]).

Wir gelangen nun zur Erörterung ber Natur ber Exections-Orb= nung ber XII. Tafeln, welche uns Gellius erhalten hat.

Die Executivklage per manus injectionem hat in ihrer gefchichtlichen Entwicklung zunächft 3 Formen erhalten: eine ftrafrechtliche, gegen ben fur manifestus gerichtete, welche Gaius III. 189 berührt; unb zwei nicht ftrafrechtliche, welche gegen ben als Sclaven Beanfpruchten, unb gegen ben infolventen Schulbner in Anwenbung kamen. Die beiben erften fcheinen noch auf bem alten Gewohnheitsrechte zu beruhen, bie letzte ba= gegen enthält wahrfcheinlich fchon einige von ben Decemvirn zu Gunften ber Plebejer eingeführte.' Mobificationen bes alten Gewohnheitsrechtes. Die Erörterung ber ftrafrechtlichen legisactio gehört nicht hieher; was aber bie beiben anbern Formen berfelben betrifft, fo ergibt fich bie zweite fowohl aus ben bisherigen Darlegungen, als aus bem Berichte bes Li= vius (III. c. 44—46), welcher unten erklärt werben wirb; bie britte be= richtet Gellius XX. I. §. 45—49.

Unter Vorausfetzung ber oben angegebenen Bebingungen traf näm= lich bie als Sclaven Beanfpruchten bie manus injectio, bann bie in jus ductio, unb, wenn fich kein vindex einfanb, ober ber fich erbietenbe als untauglich zurückgewiefen wurbe, bie secum ductio. Weitere Beftim= mungen waren theils nicht möglich, wie unten nachgewiefen werben wirb, theils nicht nothwenbig. Denn bie Freiheit ber römischen Bürger war vom ganzen Volke gorantirt, unb zu ben Quälereien, benen infol=

---

[47]) Dies geht aus feiner Definition biefer legis actio hervor; »bie manus injectio ift bie Privatperfonalpfänbung eines Schulbners burch ben Gläubiger wegen liquider Gelbfchulb mittelft Vorführung unb unter Angabe bes Grunbes, bes Betrages unb ber Nichtzahlung vor bem Prätor«. R. G. II. Thl. S. 86.

vente Schuldner ausgesetzt waren, war bei dem zum Sclaven Herabge-
sunkenen, wenn er sich gutwillig fügte, keine Veranlassung. Die Strafe
für den allenfalls sachfälligen vindex war sehr niedrig taxirt, so daß
auch der arme Plebejer für seinen Standesgenossen — die Freiheit der
Patricier war wohl eher drohend als bedroht — als vindex auftreten
konnte, und wenn auch eine secum ductio erfolgt war, so schloß diese
eine spätere vindicatio in libertatem nicht aus. Dagegen waren für
die Execution gegen insolvente Schuldner Detailbestimmungen nothwendig geworden, wofür die Decemvirn Gründe genug haben mußten. Taci-
tus (Ann. VI. 16) sagt: sane vetus urbi fenebre malum et sedi-
tionum discordiarumque creberrima causa, eoque cohibebatur
antiquis quoque et minus corruptis moribus. Nam primo XII. tabu-
lis sanctum, ne quis unciario fenore amplius exerceret, cum antea
ex libidine locupletium agitaretur. Oeffentliche Creditinstitute gab es
nicht; der Realcredit war unbekannt; die Execution war eine allgemeine
Privat=Personal=Execution, so daß dem Gläubiger nicht bloß der insolvente pater familias verfiel, sondern auch Alles, was sich in seiner manus
befand; die Plebejer waren durch fortwährende Kriege dem Ackerbau ent-
zogen, und dieser den Sclaven überlassen; die Gewerbe und der Handel
verachtet und ausschließlich in den Händen der Sclaven; das ohnehin
seltene Kapital beherrschten die Patricier, die Zinsen waren unbeschränkt,
und wurden nach Jahresfrist zum Kapital geschlagen; die gewöhnliche
Vertragsform in dieser Beziehung war das nexum, wodurch sich der
Schuldner für seine Person des Klagrechtes begeben mußte! Bei diesen
Verhältnissen, bei dem Mangel aller national-ökonomischen Principien
war die Zahl der insolventen Schuldner eine Schrecken erregende, die
Zahl der tanglichen [48]) vindices bei den großen Summen der Geldschulden eine sehr kleine. Dies bestätiget auch Livius (lib. II. c. 29), nach
dessen Zeugniß der Consul Servilius im Jahre 493 v. Chr. zur Be-
schwörung auswärtiger Gefahren der Republik folgendes Edict ergehen
lassen mußte: ne quis civem Romanum vinctum aut clausum teneret,
quominus ei nominis edendi apud consules potestas fieret, neu quis
militis, donec in castris esset, bona possideret aut venderet, liberos
nepotesve ejus moraretur [49]). Dies rechtfertiget zur Genüge die zu

---

[48]) Gellius XVI. c. 10, §. 5 Assiduus vindex assiduus esto; proletario jam
civi cui quis volet vindex esto.

[49]) Noch 112 Jahre später konnte der unglückliche Manlius in seinem Processe
400 von ihm ausgelöste Schuldner vorführen. (Livius VI. c. 20.)

Gunften ehrlicher, aber infolventer römifcher Bürger in die XII Tafeln aufgenommenen, milbernden Beftimmungen, welche uns Gellius XX. I. §. 45—49 mittheilt, und durch welche den früheren unbegränzten Quä= lereien der Schuldner von Seite ihrer Gläubiger ein beftimmtes Maß gefetzt wurde. Das vincire nervo aut compedibus ift zwar beibehalten, allein das Gewicht der Feffeln ift auf ein gefetzliches Maximum befchränkt. Um den Schuldner vor den Qualen des Hungers zu bewahren, wird ihm geftattet, von dem Seinigen zu leben, und wenn er dieß nicht vermag, fo ift der Gläubiger angewiefen, ihm ein gefetzliches Minimum der Speife zu verabreichen. Um die Zeit diefer Foltern abzukürzen, wird diefe Haft auf 60 Tage befchränkt, und, um die Auslöfung des Schuldners von Seite eines Dritten möglich zu machen, wird der Gläubiger angewiefen, ihn während diefer Zeit noch dreimal vor den Prätor zu führen, und die Auslöfungsfumme öffentlich auszurufen. Nach Verlauf diefer Zeit foll der Schuldner nicht feinem Peiniger als Sclave belaffen, fondern in die Fremde verkauft werden. Man fieht, daß alle diefe Beftimmungen die Furchtbarkeit der manus des Gläubigers abzufchwächen fuchen; nur das Tödtungsrecht, welches in ihrem Wefen liegt, fcheint im Falle des Con= curfes aufrecht erhalten worden zu fein, allein gerade diefe fcheinbar harte Beftimmung dürfte ganz unfchädlich gewefen fein. Denn es ift kaum denkbar, daß der Geiz der Römer die Tödtung eines Schuldners einer, wenn auch fehr geringen Verkaufs= oder Vergleichsfumme vorzog, und in fo ferne mag Caecilius bei Gellius (XX. I. §. 52) Recht haben, wenn er verfichert: dissectum esse antiquitus neminem equidem legi neque audivi [50]). Diefe Milberungen der manus find dem zum Sclaven Herab= gefunkenen und dem fur manifestus gegenüber undenkbar, weil die manus des dominus dem Sclaven gegenüber fich nicht befchränken ließ, der Dieb aber, wegen feines »immane scelus« im höchften Grade verab= fcheut war, und fomit fo weit gehender Milberungen feines Schickfals durch die Legislation in diefer Zeit noch nicht würdig erfchien. Wenn

---

[50]) Weil alle diefe Beftimmungen nur Milberungen der manus enthalten, fo habe ich die Lesart Dirkfen's: quindecim pondo ne majore aut si volet minore vincito beibehalten. Dadurch wird das Gewicht der Feffeln auf ein beftimmtes Maß befchränkt, aber dem Gläubiger geftattet, auch noch milder zu verfahren. Die Lesart dagegen, welche Hertz aufgenommen hat (ne minore aut si volet majore), enthält gegen den Geift des Gefetzes eine folche Verfchärfung, daß fie alle andern milbernden Beftim= mungen illuforifch macht. Denn fie räumt dem Gläubiger das Recht ein, das Gewicht der Feffeln ins Unendliche zu erhöhen, und feine Graufamkeit ins Unendliche zu fteigern.

somit der zum Sclaven Herabgesunkene sich nicht gutwillig fügte, so waren für ihn der Hunger, der nervus und die compedes ohne Beschränkung zulässig, (Döllinger: Judenthum und Heidenthum S. 705), und das nämliche Schicksal wird der unbemittelte Dieb, welcher sich nicht loskaufen konnte, gehabt haben, wie es Cato bei Gellius XI. 18, 18 andeutet: fures privatorum furtorum in nervo atque compedibus aetatem agunt, fures publici (der Peculat) in auro atque in purpura.

Da nun die von Gellius mitgetheilte, gegen insolvente Schuldner wirksame Executions-Ordnung nicht die einzige ist, und ihre abweichenden Bestimmungen nur als specielle Begünstigungen insolventer römischer Bürger aufzufassen sind, so läßt sich gegen Puchta nicht geltend machen, »daß in dem Falle bei Livius darum keine Executivklage gemeint sein kann, weil der weitere Verlauf der Proceßart gegen den insolventen Schuldner für das in Frage stehende Verhältniß nicht passe« (Schmidt S. 78)..

Es bleibt nur mehr übrig, zu untersuchen, ob diese außergerichtliche manus injectio ein solenner Act war, und ob sie vor dem Prätor wiederholt werden mußte.

Was nun den ersten Punkt betrifft, so war schon das corporis aliquam partem prendere (Gaius IV. 22) kein lediglich physischer, sondern vielmehr ein symbolischer Act, wie solche im römischen Rechte sehr viele in derselben Einfachheit, aber auch in derselben sprechenden Symbolik vorkommen. Darum heißt es auch bei Livius III. c. 44, §. 7, manum injecit, — — sequique se jubebat, cunctantem vi abstracturum. Die materielle vis ist also bei dem manum injecere noch nicht eingetreten. Diese Anschauung bestätigt auch der Umstand, daß eine manus injectio auch von Seite des vindex vorkommt, bei dem es sich doch gewiß nicht darum handelte, dem der manus Verfallenen ebenfalls physische Gewalt anzuthun, und von ihm ebenfalls »Besitz zu ergreifen«. Außerdem mußte der Rechtsgrund der manus injectio angegeben werden; dies ergibt sich aus der von Gaius mitgetheilten Formel (z. vgl. Rudorff R. G. II. S. 85) und aus Livius, wo es heißt: manum injecit, serva sua natam, servamque appellans. Was weiter die dabei zu gebrauchenden Worte betrifft, so mögen sich wohl dafür bestimmte Ausdrücke gebildet haben, wie sich dieß aus der besonderen Vorliebe der Römer für bestimmte Formen und aus der von Gaius angegebenen Formel folgern [51]) läßt.

---

[51]) Die von Gaius mitgetheilte Formel dürfte schon der Zeit angehören, in welcher die außergerichtliche Selbsthilfe schon eine gerichtliche geworden war. Dies läßt sich eben daraus erschließen, daß Gaius eine Formel nur mehr für die m. inj. judicati

Dennoch scheint es sehr zweifelhaft zu sein, ob der von den späteren Römern über den Legisactionenproceß so oft wiederholte Tadel bezüglich der allzugroßen Aengstlichkeit in der Beobachtung der Formen auch auf solche außergerichtliche Formeln zu beziehen sei. Denn wenn Gaius IV. 29 sagt, daß die außergerichtliche pignoris capio nur darum zu den legis actiones gezählt worden sei, weil bei ihr »certa verba« vorgekommen wären, so wird wohl Niemand glauben, daß der miles, welcher wegen seines Soldes gegen den ihm zugewiesenen Tribunus Aerarius oder berequeres, welcher wegen des Kauf= und Futtergeldes für sein Pferd gegen die viduae und orbi die Realpfändung vornahm, dann sachfällig geworden sei, wenn er in seinen Ausdrücken eine andere Wendung nahm. Es ist daher wahrscheinlich, daß die berührten Anklagen der späteren Römer sich nicht so sehr auf die Executivklagen als vielmehr auf die ordentlichen Verhandlungen in jure beziehen, wo es für die Parteien in Wahrheit keine Kleinigkeit war, bei der geringen Verbreitung der Kenntnisse über die proceßualischen Formen die ganze Instruction des sich in scharf ausgeprägten Formen bewegenden ordentlichen Processes selbstständig vorzunehmen. Dies bestätiget auch die Geschichte des modernen Processes. Je mehr sich der Verkehr erweiterte und neue Rechtsformen erzeugte, je schneller die Adern des Verkehrs zu pulsen begannen, desto mehr stellte sich die Nothwendigkeit heraus, von der sogenannten Verhandlungsmaxime Ausnahmen zu machen, und desto mehrseitiger wurde das Bedürfniß, unter bestimmten Voraussetzungen der Evidenz des klägerischen Anspruches, das audiatur et altera pars fallen zu lassen und neue Executivklagen einzuführen. Daher waren die Executivklagen sicherlich nicht die Veranlassung zur Einführung des Formularprocesses. Wie man nun aus Cicero (Q. Fr. 2, 14, 15. negat — quem quam fuisse, qui vadimonium concipere posset) nicht eine besondere Schwierigkeit der Abfassung des vadimonium ableiten kann, so dürfte es auch nicht gerechtfertiget sein, die »certa verba« des Gaius zu sehr zu betonen.

Was endlich die Wiederholung der manus injectio vor dem Prätor betrifft, so wird sie zwar von Puchta angenommen (Institut. II. S. 95), allein, wenn man auch eine solche Wiederholung zugeben wollte, so müßte man doch eine obrigkeitliche Autorisation zu derselben verneinen, weil diese dem Character des alten Executivprocesses widerspricht (Ihering I. S. 147). Denn eine solche Autorisation ist erst für die späteren

---

und pro judicato angibt, die Formeln der anderen Arten dieser legis actio und der ihr ganz analogen pignoris capio aber mit Stillschweigen übergeht.

Zeiten anzunehmen, wo bei der steigenden politischen Entwicklung das Bestreben hervortrat, die Selbsthilfe immer mehr abzuschwächen und zu verdrängen. Es ist jedoch wahrscheinlich, daß eine solche Wiederholung nicht stattfand. Denn nach den obigen Darlegungen über den Begriff der manus, der injectio und über die Wirkungen derselben ruht die manus bereits am Ergriffenen, und die in jus ductio hatte nicht den Zweck, daß die manus erst in jure erworben, sondern daß jedem Dritten die Möglichkeit geboten werde, gegen die bereits erworbene aufzutreten. Deshalb wird im Zwölftafelfragment der vindex ausdrücklich erwähnt, und sein Nichtvorhandensein als Bedingung der secum ductio ausgesprochen. Nur über die Erfüllung dieser Bedingung mußte der praetor Kenntniß erhalten. Dies bestätiget auch Livius; wie nämlich unten nachgewiesen werden wird, beweiset Claudius seine Ansprüche auf Vergenia gar nicht, was er doch thun müßte, wenn er seine manus erst in jure erwerben sollte *), sondern er bestreitet nur die Tauglichkeit der sich erbietenden vindices; ebenso geht Appius in eine Prüfung der Ansprüche seines Clienten gar nicht ein, sondern er erörtert nur die Frage über die Tauglichkeit der sich stellenden vindices. Deshalb beziehen sich die Erwägungsgründe seines Dekretes ausschließlich nur auf diesen Punkt, so daß, weil nach seiner Meinung ein tauglicher vindex nicht vorhanden ist, sich die secum ductio als eine nothwendige Rechtsfolge von selbst ergibt. Dem gemäß erwähnen auch die Quellen eine Wiederholung der manus injectio in jure nicht. Denn bei Livius nimmt Claudius dieselbe nicht mehr vor, und auch Dionysius weiß von ihrer Vorname in jure nichts, wohl aber deutet sein Ausdruck »ὁ ἐπιλαβόμενος« (c. 2̄) auf die außergerichtliche manus injectio hin. Ebenso kennt auch das Zwölftafelgesetz keine gerichtliche manus injectio, denn es sagt bloß: in jus ducito. Ni judicatum facit aut quis endo eom jure vindicit, secum ducito. Ein weiterer Anhaltspunkt für diese Ansicht liegt in der ganz analogen pignoris capio. Bei dieser wurde nämlich das Recht ebenfalls nur außergerichtlich erworben, und wenn man vom Objecte absieht, so unterscheidet sich diese von der legis actio per manus injectionem nur dadurch, daß bei ihr nach der Natur der Sache ein vindex undenkbar ist, und folglich auch eine in jus ductio nicht stattfinden konnte. Daher konnte die pignoris capio noch immer

---

*) So waren z. B. bei der späteren gerichtlichen Exekutivklage, wofür die lex Mamilia de coloniis, eingeführt hat, zur Ermittlung des Faktischen Belaßungszeugen nöthig, (lex. Mam. c. 5), wenn der Thatbestand nicht schon etwa durch confessio sicher gestellt war.

außergerichtlich vorgenommen werden, als die außergerichtliche manus injectio in Folge der sich mehrenden Beschränkungen der Selbsthilfe schon eine gerichtliche geworden war. Während nämlich das Zwölftafelgesetz sich mit seinem Imperativ nur an den Gläubiger wendet: in jus ducito, — — secum ducito, und ihm damit ein vom Prätor unabhängiges Recht einräumt, ist in der lex Rubria der Befehl schon an den Magistrat gerichtet und dadurch die Execution in seine Hände gelegt; (c. 21) quicunque duumvir, quatuorvir praefectusve jure dicundo praeerit, is — — duci jubeto. und cap. 22: Praetor, isve, qui de ea re Romae juri dicundo praeerit — — duci jubeto. Daraus erklärt sich auch die spätere Ungleichheit dieser beiden legis actiones; mit der einen hat der Prätor gar nichts zu schaffen, die Wirksamkeit der anderen ist ganz von ihm abhängig; daher die Zweifel der späteren Juristen, ob die pignoris capio überhaupt eine legis actio sei.

Wenn wir nun auf die bisherigen Erörterungen einen Blick zurückwerfen, so finden wir zuerst, daß es eine außergerichtliche, eigentliche legis actio per manus injectionem gab; dann, daß die mit dem Berichte des Livius im Einklange stehenden, der Darstellung des Gaius aber widersprechenden Verfügungen des Zwölftafelfragmentes auch anderweitige Bestätigung finden, endlich, daß die Anschauungen des Gaius ihre Erklärung in der Auffassungsweise der späteren Zeiten haben; damit aber entfallen auch die Gründe, dem manum injicere bei Livius den Character einer legis actio abzusprechen, und es mit ἐπιλαμβάνεσθαι zu interpretiren.

Die zweite Stelle, welche Schmidt bei Livius anstößig findet, ist das »vocat puellam in jus« (III. c. 44, §. 8). Die Gründe, warum er diese Stelle anficht, bestehen darin, »daß ein Herr gegen den, welchen er seinen Sclaven nennt, die in jus vocatio vorzunehmen, niemals verpflichtet gewesen sei; daß höchstens die ductio an ihrer Stelle gewesen wäre; es sei denn, daß man annehme, das römische Recht sei milder für diejenigen, welche als Sclaven als für die anerkannt Freien, welche als aeris damnati beansprucht werden. Man könne hier auf doppeltem Wege abhelfen; zunächst auf dem gewaltsamen, indem man mit Verwerfung der Quellen sage, Numitorius oder Icilius, schon auf dem forum als libertatis vindex sich gebend, vocirte den Claudius in jus; oder auf dem anderen, milderen und natürlicheren, durch die Voraussetzung nämlich, es habe der Letztere, als die erstaunte Menge drängte, von dem strengen Rechte der ductio nachgelassen, sich mit der gelinderen, völlig zureichenden vocatio begnügend, um die stürmische Volksmasse durch die factische

Auctorität eines magistratischen Ausspruches zu überzeugen, wie nichts Widerrechtliches in seinem Auftreten zu finden sei.« (S. 75, 76).

Wann der Herr den als Sclaven Beanspruchten ohne weiteres nach Hause mitnehmen, wann er ihn dagegen vor den Prätor führen mußte, und was der Zweck dieser in jus ductio war, ist oben erörtert. Daß Claudius die gesetzlichen Formen desto genauer einhält, je schlechter es mit seinem Gewissen bestellt ist, wird unten angezeigt werden; hier ist nur die von Schmidt gestellte Alternative zu berühren, nämlich gegen die Quellen anzunehmen, Numitorius oder Icilius vocirte den Claudius in jus, oder Claudius habe von seinem Rechte der ductio nachgelassen, und sich mit der gelinderen in jus vocatio zu dem oben bezeichneten Zwecke begnügt.

Beide Annamen stoßen auf Hindernisse: Nimmt man nämlich an, daß Numitorius schon auf dem forum als vindex auftrat, so kann dies die Sache nicht ändern; denn Appius ist eben entschlossen, nur den Vater der Verginia als tauglichen vindex anzuerkennen. Darum hat er ja, wie sowohl Livius als Dionysius berichtet, seine Pläne auf die Zeit der Abwesenheit des Vaters verschoben, und seinen Clienten nicht zur einfachen secum ductio, sondern zur Durchführung der entsprechenden Executivklage instruirt. Nur das Bestreben, die rechtlichen Formen, genau einzuhalten, rechtfertigt die verschiedenen Wege, die Appius zur Erreichung seines Planes einschlägt. Hätte Appius gegen das klare Gesetz über die vindiciae so offen handeln wollen, so hätte er es auch in Gegenwart des Vaters thun können. Aber auch die zweite Annahme erzeugt Schwierigkeiten. Wie ist eine in jus vocatio unter solchen Voraussetzungen möglich, und auch diese Möglichkeit zugestanden, kann sie wohl den bezeichneten Zweck erreichen? In diesem Falle ist nämlich nach Schmidts eigener Erklärung ein vindex nicht vorhanden, somit kann ein Vindicationsproceß nicht Statt finden; die legis actio per manus injectionem stellt er auch in Abrede, wie ist nun eine zu Gunsten des Claudius sprechende Erklärung des magistratus möglich? Aber auch dieses zugegeben, wie soll die faktische Autorität des magistratus die von dem materiellen Unrecht überzeugte, und darum so aufgeregte Menge von dem Rechte des Claudius überzeugen, welches darin bestände, daß er eine erwachsene Plebejerin, welche von Geburt aus allgemein für eine Freie galt, und deren Schönheit die Augen aller an sich zog, ohne weiteres als Sclavin mit sich nach Hause nehme und sie dann etwa in Folge eines Vindicationsprocesses dem heimgelehrten Vater als eine abgenützte Waare zurückstelle? Wie würde es, wenn man dieses zugäbe, mit der Freiheit und

Ehre der Plebejerinnen ausgesehen haben? Ebenso bedenklich ist die Behauptung, daß man im Gegenfalle annehmen müßte, das römische Recht
sei milder für die Sclaven als für die anerkannt Freien gewesen, welche als
aeris damnati beansprucht wurden. Denn einerseits kann Verginia ja nicht
ohne weiteres als Sclavin angesehen werden, somit kann Claudius gegen
sie auch nicht so verfahren, wie gegen jene, welche seine anerkannten Sclaven waren, andererseits will er mit seiner der aufgeregten Volksmenge ab-
gegebenen Erklärung ja nicht sagen, daß er mit der Verginia als Beklagten einen Proceß anfangen wolle, sondern Livius erläutert mit dem »In
jus vocat puellam« nur die Worte, welche Claudius früher gesprochen:
nihil opus esse multitudine concitata: se jure grassari, non vi. Claubius betheuert damit nur die Rechtlichkeit seines Verfahrens, indem er auf-
geregter Menge erklärt, daß er ja das Mädchen vor den magistratus
führe, und dadurch Jedem die Möglichkeit biete, als vindex aufzutreten.
Schmidt scheint also auch hier dem Berichte des Dionysius zu folgen,
welcher, wie unten nachgewiesen werden wird, mit sich selbst im Widerspruche steht. Denn während nach einer Stelle desselben die Sache erst
in Folge des von der aufgeregten Menge eingetretenen Zwanges vor den
magistratus gelangt (c. 28. ὁ δὲ παραγενόμενος ἐπὶ τὸ διδασκαλεῖον
ἐπιλαμβάνεται τῆς παρθένου καὶ φανερῶς ἄγειν ἐβούλετο δι᾽ ἀγορᾶς, κραυγῆς
δὲ γενομένης καὶ πολλοῦ συνδραμόντος ὄχλου, κωλυόμενος, ὅποι
προῃρεῖτο τὴν κόρην ἄγειν, ἐπὶ τὴν ἀρχὴν παραγίγνεται), zeigt
seine weitere Darstellung, wie unten näher gezeigt wird, im Einklange
mit Livius, daß die Verabredung zwischen Appius und Claudius sich
nicht auf eine solche ductio, sondern auf die Durchführung der entsprechenden Executivklage bezieht. Warum sich Dionysius in diesen Widerspruch verwickeln mußte, kann ebenfalls erst unten gezeigt werden.

Die dritte, vierte und fünfte Stelle des Livius, welche Schmidt
verwirft, ist lib. III. 44, §. 1—3; c. 45, §. 4 und c. 46, §. 1—3.
Die erste erhält das erste von Appius erlassene Dekret, die zweite berichtet,
daß Numitorius und Icilius erst nach diesem Dekrete eintrafen, und die
dritte enthält die Zurückweisung des sich als vindex erbietenden Icilius.

Schmidt begründet seine Anschauungen auf folgende Weise: daß im
Fortschritt der Verhandlung eine legis actio beabsichtigt worden sei, dafür
spreche Alles: die Zeit des Processes überhaupt, die Erwähnung der
vindiciae insbesondere, daher werde dieses auch allgemein zugestanden;
dagegen sei der Streit, ob per manus injectionem oder sacramento
procedirt werden solle. In dieser Rücksicht sei eine Discrepanz von Li-

vlus und Dionysius von größter Wichtigkeit. Beim ersten beginne die Verhandlung, ohne daß ein vindex vorhanden sei, (nur advocati der Verginia würden erwähnt); sogar erst nach dem die vindiciae secundum servitutem ausprechenden Dekret käme Oheim und Bräutigam; bei Dionysius dagegen beginne das gerichtliche Verfahren erst nach der Ankunft dieser beiden. Aber auch die Darstellung des Livius selber vertrage sich nur schlecht mit der besprochenen legis actio. Für das über die vindiciae erlassene Decret, über dessen Ungerechtigkeit das Volk murre, wäre bei der manus injectio kein Raum gewesen; (wie es Puchta dennoch dabei verträglich halte, sehe er nicht ab); nur dann sei es offenbar an seinem Platze, wenn zwei Vindicanten jene in Anspruch nehmen. Hätte wirklich Verginia selbst für ihre Person ohne einen Vertreter darauf Anspruch gemacht, so hätte es nicht der in den Quellen angegebenen sophistischen Gründe beburft, um sie zurückzuweisen; es wäre sogar die Pflicht des Magistrats gewesen, die addictio an Claudius auszusprechen. Daher sei er der Meinung, daß auf jeden Fall dieses Dekret von Livius auf eine falsche Stelle gesetzt worden sei, dann aber, daß wegen der von ihm früher angegebenen Gründe, eine legis actio per manus injectionem nicht vorgekommen sei, sondern daß der Proceß, wie Dionysius berichte, erst mit dem Erscheinen der Verwandten begonnen habe. Uebrigens sei das Voraufgehen oder nicht Voraufgehen der legis actio per manus injectionem ein gleichgiltiger Umstand; auch nicht mit dem Scheln eines Grundes habe Appius den bald darauf auftretenden vindex. wie Puchta es dafür halte, für heute wegen geschlossenen Verfahrens zurückweisen können; denn jene legis actio schließe die vindicatio nicht aus, und Appius sei noch zu Gericht gesessen (S. 76, 78, 79).

Puchta hat für seine theilweise unrichtigen Ansichten keine Gründe angegeben; in so fern müßen die Einwendungen Schmidts als vollkommen berechtigt angesehen werden.

Was nun vorerst die Erwähnung der vindiciae betrifft, so ist hier nur so viel zu entgegnen, daß sie darin ihren Grund hat, weil die advocati der Verginia einen von ihnen als vindex anerkannt, und eine Vorverhandlung eingeleitet sehen wollen, die mit der Regulirung des Besitzes zu beendigen war. Diese Erwähnung deutet also nur auf einen beabsichtigten Vindicationsproceß hin, der aber deshalb nicht Statt findet, weil die sich erbietenden vindices als untauglich zurückgewiesen werden. Demnach ist auch das erste Dekret des Appius kein Dekret über vindiciae, wie Schmidt auf Grund des Dionysius es annimmt, sondern enthält

nur die Zurückweisung der vindices und die Anerkennung der von Claudius verlangten ductio; außerdem wird demselben, um das strenge Recht
mit der Billigkeit scheinbar zu vermitteln, und die zurückgewiesenen vindices zu beruhigen, ein milbernder Zusatz beigefügt. Der Magistrat erfüllt
also seine Pflicht genau so, wie es Schmidt verlangt. Die Gründe, welche
Schmidt gegen das Vorkommen der legis actio per manus injectionem
früher angab, sind oben beleuchtet, und was die von ihm erwähnte Alternative zwischen der legis actio per man. injectionem und per sacramentum betrifft, so ist zu bemerken, daß eine solche Alternative gar nicht
vorliegt, sondern daß in dieser Rechtssache b e i d e legis actiones vorkommen,
und zwar die erstere vollständig durchgeführt, die letztere dagegen wegen der
früher erfolgten Tödtung der Verginia nur in ihrem ersten Stadium.
Demnach ist auch das Vorausgehen der legis actio per manus injectionem nicht bloß nicht gleichgiltig, sondern sogar so nothwendig, daß ohne
sie der ganze Proceß unverständlich wird. Hinsichtlich der Zurückweisung
der vindices ist hier zu erwähnen, daß dieselbe Appius viel leichter recht-
fertigen konnte, als ein Decret über vindiciae secundum servitutem;
denn die Entscheidung über die Tauglichkeit eines vindex gehört in das
Gebiet der Incidenzstreitigkeiten, bei welchen der magistratus an sein
subjectives Ermessen angewiesen war. Appius verfährt somit nur conse-
quent, wenn er, wie früher die advocati, so jetzt auch den Jcilius als
einen untauglichen vindex verwirft.

Diese hier besprochenen Anschauungen Schmidt's erklären seine eigen-
thümliche Stellung zu den beiden Berichterstattern, in Folge welcher ihm
kaum etwas anderes übrig bleibt, als aus dem Livianischen Berichte,
mit Ausnahme des letzten Decretes des Appius, fast Alles, aus dem Berichte des Dionysius aber den letzten Theil zu verwerfen. Die Gründe
der Irrthümer des Dionysius und die Widersprüche in seinem Berichte
werden unten nachgewiesen werden.

Nach Erledigung der Einwendungen Schmidt's ist nun der Proceß
selbst darzulegen, dabei aber zuerst der Bericht des Livius zu erläutern,
und zugleich die Angaben des Cicero, Asconius, Pomponius, Diodor
Siculus, Florus, Aurelius Victor, Zonaras zu erklären; dann ist die
Darstellung des Dionysius zu. beleuchten, und zuletzt das Verhältniß der
beiden Hauptberichterstatter zu ermitteln.

Der Bericht des Livius

läßt überall die natürliche Voraussetzung noch durchleuchten, daß ein Mann wie Appius nicht so unklug war, in einer so hochwichtigen Sache sich ohne Noth über die Schranken des formellen Rechtes hinwegzusetzen. Dem Haupte jener Gesetzgebungs = Commission, welche dem Stadtrechte Roms so dauerhafte Grundlagen zu geben wußte, daß dasselbe sich zum Landrechte und im Verlaufe der Jahrhunderte sogar zum Weltrechte ent-wickeln konnte, dem Haupte jener Commission hat es weder an Geist noch an Macht gefehlt, Gesetze freier zu interpretiren, ohne deshalb das for-melle Recht zu verletzen. Dieses konnte um so leichter geschehen, als der römische magistratus bei Incidenzstreitigkeiten, z. B. über Tauglichkeit der Bürgen, der vindices u. s. w. nicht wie unser Richter an bestimmte Normen gebunden, sondern an sein subjektives Ermessen angewiesen war. Um einen solchen Incidenzstreit handelt es sich auch hier. Hätte Appius wirklich ohne Noth über das formelle Recht hinweggehen wollen, so hätte es nicht so vieler Umwege bedurft, als die Quellen berichten. Dazu er-läßt Appius sein erstes Decret nicht in Folge einer momentan aufwallen-den, die Geistesklarheit trübenden Leidenschaft, sondern in Folge eines lange vorbereiteten und klug durchdachten Planes, welchen er nicht ein-mal dann fallen läßt, als die Drohungen des Volksaufstandes schon laut an sein Ohr schlagen. — Livius erzählt:

Lib. III, c. 44, §. 5 : Marco Claudio clienti negotium dedit, ut virginem in servitutem adsereret, neque cederet secundum libertatem postulantibus vindicias, (§. 6), quod pater puellae abesset locum in-juriae esse ratus.

Die Instruction, welche Appius hier seinem Clienten gibt, kann unmöglich den Sinn haben, er solle sich gegen die verlangte Ausfüh-rung des Gesetzes über die vindiciae renitent zeigen; denn sind die Vor-bedingungen seiner Ausführung vorhanden, so ist es Sache des Magi-strates, den Gehorsam zu erzwingen.

Cedere heißt in der Sprache der römischen Juristen nicht »zu-lassen« (Weißenborn), sondern »die Ansprüche des Proceßgegners nicht bestreiten«, »seine Bestreitung zugestehen.« Alicui aliqua re cedere (Liv. III, c. 45, §. 2) bedeutet also: »für den Proceßgegner von einer Sache abstehen«, »ihre Bestreitung demselben zugestehen», seine Ansprüche auf dieselbe nicht bestreiten. Da nun cedere so viel sagt, als »nicht streitig machen«, so heißt non cedere »bestreiten.« Der Ausdruck cedere ist nämlich von der freiwilligen Gerichtsbarkeit entlehnt, welche die Formen der streitigen, mit den nöthigen Modificationen, beibehalten hatte, so daß sie sich in fingirten Processen bewegte. Demgemäß »überträgt« der Römer sein Recht nicht, wie unsere Cedenten, an einen andern, sondern er macht sich in jure zu Gunsten dessen, welcher sein Rechtsnach= folger werden soll, wie ein confessus, selbst sachfällig [52]). Darauf beru= hen die Formen der adoptio, der in jure cessio, der manumissio u. s. w. So sagt Gellius V. 19: adoptantur autem cum a parente, in cujus pote-state sunt, tertia mancipatione in jure ceduntur, atque ab eo, qui adoptat, apud eum, apud quem legis actio est, vindicantur. Gaius I. 134 (nach Schenerl's D. de modis liberos in adoptionem dandi (Erlangen 1851): aut non remancipatur patri adoptivo, sed ab eo vindicanti in jure ceditur, apud quem in tertia mancipatione est. Diesen Begriff hat auch die cessio in jure, welche ebenfalls nur in einer Scheinvindication bestand, bei der der Erwerber als Vindicant auf= trat, der Cedent sich aber der Contravindication enthielt, und der praetor jenem die in Anspruch genommene Sache oder das Recht zusprach.

Daher gibt Appius seinem Clienten nur die Weisung, er solle eine all= fällige, auf vindiciae hinzielende postulatio bestreiten, und unter vindiciae versteht Livius hier die eigentlichen, nach dem Gesetze des Appius, zu ge= benden vindiciae (z. vgl. c. 44, §. 12; c. 45, §. 2; c. 46, §. 4). Die Anwendung eines Gesetzes läßt sich aber nicht bestreiten, sobald alle recht= lichen Voraussetzungen derselben vorhanden sind; denn in diesem Falle muß der Magistrat seines Amtes handeln. Was sich also bestreiten läßt, sind lediglich nur die Voraussetzungen, von denen die Anwendung eines Gesetzes abhängt. Die nächste Voraussetzung der Anwendung des Ge= setzes über die vindiciae ist nun die, daß wirklich ein Vindicationsprozeß vorhanden ist. Dieser aber hat wieder zur Voraussetzung, daß der sich erbietende vindex als tauglich befunden wurde. Soll nun die Anwen= dung des Gesetzes über vindiciae secundum libertatem bestritten werden, so muß zuerst die Tauglichkeit des sich stellenden vindex angefochten werden. Appius drängt also die Sache in die Sphäre, in welcher er nach seinem Ermessen verfahren kann.

Warum aber Livius statt der Worte: neque cederet secundum libertatem postulantibus vindicias nicht viel mehr gesagt hat: neque cederet vindicationem in libertatem postulantibus, das erklärt

---

[52]) Über manumissio und in jure cessio zu vgl. Puchta, Instit. II. S. 461, 641, und Jhering, III. S. 570.

fein eigenes Geſtändniß, welches er c. 48, §. 4 ablegt: quem decreto
sermonem praetenderit: — quia nusquam ullum in tanta foeditate decreti verisimilem invenio, id quod constat,
nudum videtur proponendum, decresse vindicias secundum servitutem. Livins geſteht alſo ſelbſt, daß er in den ihm vorliegenden Berichten nichts ihm Einleuchtendes gefunden, und daß er ſomit nur
das wiedergeben wolle, was ſicher bekannt iſt. Wie Appius ein ſolches
Decret erlaſſen konnte, und wie es zu verſtehen iſt, wird unten dargelegt werden; hier iſt nun zu bemerken, daß die von Livius nicht begriffenen Erwägungsgründe des Dekretes mit dieſer von Appius ſeinem
Clienten gegebenen Inſtruktion im engſten Causal-Nexus ſtehen, und daß
die hier in Rede ſtehenden Worte im nämlichen Sinne interpretirt werden müſſen, welchen auch das darauf folgende Decret des Appius deut-
lich ausſpricht, und welcher nicht bloß aus dem weiteren Proceſſe überall
wieder hervorleuchtet, ſondern auch das letzte Decret und die verſchiedenen
Berichte über dasſelbe erklärt. Demzufolge ſetzt Livius ſein »id quod
constat« nicht bloß dort, wo er vom letzten Dekrete ſpricht, ſondern auch
hier, wo er den Clienten zum Proceſſe inſtruirt werden läßt, und bringt
ſeinen Grundſatz überall zur Anwendung, wo von derſelben Sache die
Rede iſt; ſo c. 44, §. 12 bezüglich der advocati: postulant, ut lege ab
ipso lata det vindicias secundum libertatem; c. 45, §. 2 hinſichtlich
des Appius: Appius decreto praefatus, quam libertati faverit, e m
ipsam legem declarare, quam Verginii amici postulationi suae praetendant; c. 45, §. 11 bezüglich des Icilius: me vindicantem sponsam
ln libertatem vita citius deseret, quam fides. Ungeachtet Dionyſius
im erſten Decrete nur die Ertheilung der eigentlichen vindiciae, im letzten
aber die Anerkennung der ductio ſieht, ſo überſetzt er doch dieſe Stelle ſeiner
Quelle richtig, indem er den Icilius nicht bloß vom vindicare, ſondern auch
von der ductio ſprechen läßt: οὐκ ἐμοῦ γε ζῶντος ταύτην ἀπάξεταί τις.
Ebenſo läßt Livius auch im c. 46, §. 4 den Appius nur von ſeinem Geſetze
über vindicae reden: neque legi suae latorem, neque decemviro constantiam defore.   .

Die hier vorgetragene Anſicht, daß Livius ſein »id quod constat«
auch an dieſer Stelle zur Geltung bringt, beweiſet ferner noch der Umſtand, daß er in den oben angeführten Stellen von dem Geſetze des Appius ſpricht, dadurch aber zugleich verräth, daß er hier nur die allgemein
bekannten eigentlichen vindiciae, nicht aber die vorläufigen, am
Schluſſe der Vorverhandlung zu ertheilenden meint. Allein die eigentlichen

vindiciae in der causa liberalis können nicht streitig werden, weil ihre Ertheilung durch ein spezielles Geſetz ein für alle Mal geregelt iſt, und folglich bezüglich derſelben von einer beſtrittenen postulatio einer Partei nicht die Rede ſein kann. Endlich ſpricht noch dafür, daß Appius zur Aus= führung ſeines Planes die Abweſenheit des Vaters für nothwendig hält. Denn auf die Ertheilung der vindiciae kann weder die Anweſenheit noch die Abweſenheit des Vaters einen Einfluß ausüben, wohl aber kann letz= tere die Frage über die Zuläſſigkeit einer Stellvertretung deſſelben veranlaſſen. Hätte Appius wirklich gegen ein ſo klares, und noch obendrein von ihm ſelbſt beantragtes Geſetz handeln wollen, ſo hätte er dies auch in Gegen= wart des Vaters thun können; er war ferners ſicherlich klug genug, um einzuſehen, daß es minder gefährlich iſt, ſich als Privatmann zur Reali= ſirung ſolcher Pläne Ungeſetzlichkeiten zu erlauben, als öffentlich auf dem Forum in der Eigenſchaft eines Magiſtrates klaren Geſetzen Hohn zu ſprechen.

c. 44, §. 6. Virgini venienti in forum — minister decemviri libidiᴄis manum injecit, serva sua natam, servamque appellans; sequique se jubebat, cunctantem vi abstracturum.

Dieſe Sätze ſind ſchon oben erläutert; hier iſt nur mehr zu bemer= ten, daß Claudius ſein Verfahren dadurch als ein durchaus im Rechte begründetes erſcheinen laſſen will, daß er möglichſt den Anſchein zu ver= meiden ſucht, als handle es ſich hier um geheime Ränke: darum der An= griff bei hellem Tage, auf dem offenen Markte! Je größer nämlich das materielle Unrecht iſt, das er begehen will, deſto ſorgfältiger muß er die äußeren Formen einhalten.

c. 44, §§. 7 u. b 8: pavida puella stupente ad clamorem nutricis fidem Quiritium implorantis fit concursus. Vergini patris sponsique Icili populare nomen celebrabatur. notos gratia eorum, turbam indignitas rei virgini conciliat. jam a vi tuta erat, cum adsertor nihil opus esse multitudine concitata ait: se jure grassari non vi. vocat puellam in jus, auctoribus, qui aderant, ut sequeretur.

In Übereinſtimmung mit der geſuchten Offenheit ſeines Auftretens betheuert Claudius der aufgeregten Menge, daß er in aller Form Rechtens verfahre, und daß er das Mädchen vor den magistratus führe, welches letztere Livius berichterſtattend mit »vocat — in jus« wiedergibt. Daß dieſe Erklärungen des Claudius nur den oſtenſiblen Zweck haben, den Anweſenden zu bedeuten, daß jedem, der etwas einzuwenden habe, der Rechtsweg offen ſtehe, daß ſomit auch die in jus vocatio nicht den Sinn haben kann, als solle Verginia als Beklagte sich selbst in jure vertreten, ergibt sich aus der Art und Weise, wie die Anwesenden diese Worte auffassen und handeln. Sie stehen nämlich der Verginia zu ihrer Beruhigung dafür ein, daß sie folgen könne (auctoribus — ut sequeretur) und geben damit offenbar die Absicht kund, als vindices aufzutreten. Denn auctorem [53]) esse kann hier darum nicht mit »rathen« interpretirt werden (Schmidt, S. 75), weil Verginia nicht den Rath braucht, daß sie folgen solle, — denn es bleibt ihr nichts anderes übrig, — wohl aber die Beruhigung, daß sie um ihr Schicksal unbesorgt sein könne. Der hier kundgegebenen Absicht entspricht auch das weitere Benehmen der Anwesenden. Sie begleiten die Verginia zum Magistrat, und bei ihm angelangt, führen nur sie, nicht aber die Verginia das Wort, verlangen die vindiciae secundum libertatem, womit sie sich, wie gleich gezeigt werden soll, wirklich als vindices geltend zu machen suchen. Eine in jus vocatio des Claudius von Seite eines der Anwesenden ist hier darum nicht nöthig, weil Claudius nach seiner eigenen Versicherung schon auf dem Wege zum Magistrat begriffen ist.

c. 44, §. 8 u. 9: Ad tribunal Appi perventum est. notam judici fabulam petitor, quippe apud ipsum auctorem argumenti, peragit: puellam domi suae natam, furtoque inde in domum Verginii translatam suppositam ei esse; id se indicio compertum adferre probaturumque vel ipso Verginio judice, ad quem major pars injuriae pertineat: interim dominum sequi ancillam aequum esse.

Claudius hält sich hier genau an die ihm von seinem Patron gegebene und schon oben erklärte Instruction zur Durchführung der ent-

---

[53]) Auctorem esse sagt hier mehr als »rathen« = suadere, denn es enthält zugleich den Nebenbegriff, daß man für das Gesprochene auch einsteht. Auctor (von augere = αὐξάνειν, αὔξειν) heißt bekanntlich auch Gewährsmann, und bezeichnet in dieser Bedeutung im Allgemeinen jeden, der etwas vertritt, verbürgt. In dieser Bedeutung findet sich auctor nicht bloß bei den Juristen, sondern auch bei Cicero, Virgil und Livius. Cicero: Verr. 2, 3, 19: Ita audistis, ut auctorem rumorem haberitis. Fam. 12, 4: Fama nunciabat, te esse in Syria, auctor erat nemo; und im juristischen Sinne: Verr. 2, 5, 22: Tum illi intellexerunt, se id, quod a malo auctore emissent, diutius obtinere non posse; pro Caec. c. 20: auctor fundi; Virgil: Aen. V, 17: Non si mihi Jupiter auctor spondeat. Livius I, 16: Proculus Julius — gravis ut traditur, quamvis magnae rei, auctor; V, 15: Sed auctorem levem nec satis fidum super tanta re patres rati decrevere, und im juristischen Sinne: XXXIV. 2. u. f. w.

sprechenden Executivklage: er bestreitet die Tauglichkeit der sich erbietenden vindices und verlangt die ductio unter Anführung ihres Rechtsgrundes.

Die Bestreitung der vindices ergibt sich daraus, daß er sagt: se probaturum vel ipso Verginio judice — — interim —. Soll er nämlich vor Verginius als Richter Beweise führen, wie er sich hyperbolisch ausdrückt, so muß dieser früher angekommen sein; deßhalb setzt er ausdrücklich bei: »interim«. Dadurch aber, daß er seine Beweise nur vor Verginius füh= ren will, spricht er zugleich aus, daß er nur ihm den Rechtsweg offen hält, somit auch nur ihn allein als tauglichen vindex anerkennt. Denn dem Vater den Rechtsweg offen zu halten, und zugleich einen der An= wesenden als tauglichen vinbex anzuerkennen, wäre sicherlich ein Widersinn weil das letztere das erstere überflüssig macht. Dieser Auffassung entspricht auch das Decret des Appius, welches am Ende verfügt: placere itaque patrem arcessiri; interea juris sui jacturam adsertorem non facere, quin ducat puellam sistendamque in adventum ejus, qui pater dicatur, promittat. Dieses Dekret des Appius bestät= tiget auch Dionysius, bei dem sich Claudius ausdrücklich zur Bürgenstel= lung erbietet (c. 29), und diese Bürgenstellung von Appius ebenfalls in das Decret aufgenommen wird. Das Herbeiholen des Vaters und die Bürgschaft, daß ihm die Tochter vor Gericht gestellt werden wird, hat aber nur dann einen Sinn, wenn die sich hier erbietenden vindices zu= rückgewiesen werden. Demgemäß nennt Livius keinen der Anwesenden vin- dex, sondern er spricht sachgemäß nur von advocati.

Das Begehren der ductio ergibt sich ebenfalls aus den Worten, welche Claudius gebraucht. Denn das von ihm verlangte sequi setzt ein ver- langtes secum ducere voraus, und Verginia wird von ihm ausdrücklich als eine ancilla bezeichnet, welche ihrem dominus folgen müsse. Also auch hier rechtfertiget sich die oben vertheidigte Behauptung, daß Appius seinen Clienten nur zur Durchführung der Exekutivklage, nicht aber dazu instruirt hat, die Verginia ohne weiteres mit sich nach Hause zu führen.

c. 44, §§. 11 u. 12: Advocati puellae, cum Verginium rei publicae causa dixissent abesse, biduo adfuturum, si nuntiatum ei sit; iniquum esse absentem de liberis dimicare; postulant, ut rem integram in patris adventum differat, lege ab ipso lata vindicias det secundum libertatem, neu patiatur virginem adultam fa- mae prius quam libertatis periculum adire.

Das Verlangen, der Magistrat solle von vornherein die vindiciae secundum libertatem geben, wäre absurd; er kann dies nur thun, wenn ein Vindicationsproceß stattfindet, welcher wieder taugliche vindices voraussetzt. Damit verlangen also die advocati zugleich, Appius solle dem Ansuchen des Claudius um die ductio keine Folge geben, sondern einen von ihnen als vindex anerkennen, und einen Vindicationsproceß einleiten laffen. Wie schon oben angedeutet wurde, sollen die advocati vorerst sagen: vindicationem det in libertatem, und dann ihre weiteren Anträge stellen, allein da Livius nur so viel mit Sicherheit weiß, daß Appius in diesem Proceffe vindiciae secundum servitutem ertheilt hat, und er die vorläufigen vindiciae gar nicht kennt, so spricht er auch hier nur von den vindiciae secundum libertatem und vom bekannten Gefetze des Appius. Die von den advocati verlangte Einleitung des Proceffes kann aber nach der Natur der Sache nur in einer Vorverhandlung in jure bestehen, so daß der eigentliche Prozeß, nämlich die Vorname der legis actio und das judicium auf andere Tage verschoben werden. Denn einerseits können die advocati eine so große Verantwortlichkeit bezüglich des Ausganges des Prozeffes nicht auf sich allein nehmen, andererseits müßen sie außer Stande sein, die legis actio alsogleich vorzunehmen und den übrigen Anforderungen ohne weiteres zu entsprechen. Denn wenn noch zur Zeit des Formularprozeffes, welchen der praetor selbst instruirte und der sich schon in freieren Formen bewegte, eine solche Vorverhandlung in jure nöthig werden konnte, um wie viel nothwendiger muß sie im Legisactionenproceffe gewesen sein, welchen die Parteien selbstständig zu instruiren hatten, und der sich in eben so scharf ausgeprägten als den Laien unbekannten Formen bewegte. Der Proceß der Verginia fand schon im Jahre 447 v. Chr. Statt, die Klagformeln wurden aber erst im Jahre 304 v. Chr. durch den scriba des Appius Claudius Caecus veröffentlicht. Das hier über die Nothwendigkeit einer Vorverhandlung Gesagte läßt sich sowol aus Cicero, als aus Gaius folgern. Cicero sagt nämlich partitiones oratoriae, c. 28 : atque etiam ante judicium de constituendo ipso judicio solet esse contentio, quum aut, sitne actio illi, qui agit, aut jam ne sit, aut num jam desierit, aut illane [54]) lege, hisne verbis sit actio quæritur. Die Stelle bei Gaius lautet (IV. 184): Quum autem in jus vocatus fuerit adversarius, ni eo die finitum

---

[54]) Illane nach Orelli (Tullii Ciceronis opera, Turici 1845, vol. I. p. 433). Cicero stellt nämlich die Fälle, in welchen Jemanden das Klagrecht nach dem Wortlaute der lex zusteht, jenen gegenüber, in welchen dasselbe nur durch die Interpretation gegeben ist. Somit sollte dem folgenden »his« im vorhergehenden Satzgliede eigentlich »illis« entgegengesetzt sein. —

fuerit negotium, vadimonium ei faciendum est, id est, ut promittat se certo die sisti. Der Gegenstand einer solchen Vorverhandlung war im Freiheitsproceſſe ohne Zweifel zunächſt die Frage über
die Tauglichkeit des vindex, und wenn dieſe nicht angefochten wurde,
ſeine Bekanntmachung mit dem Inhalt der actio und den Beweismitteln
des Gegners; da ſich aber auch das Streitobject in jure befand, und
deſſen Beſitz eben ſtreitig war, ſo mußte auch der Beſitz vorläufig regu-
lirt, und Bürgſchaft gegeben werden, daß jener, welcher dieſen vorläufigen Beſitz erhielt, ſich am beſtimmten Tage zur Vornahme der legis actio
in jure ſtellen, und das dazu nöthige Streitobject mit ſich bringen werde.
Wie oben nachgewieſen wurde, erfolgte dieſe Beſitzregulirung auf Grund
des status quo ante, ſo daß der vorher Freie wieder faktiſch frei wurde,
der frühere Sclave aber bis zur Beſitzregulirung nach vorgenommener
legis actio als Sclave in den Händen ſeines bisherigen Herrn verblieb.
Das Begehren der advocati geht alſo dahin, Appius ſolle einen
von ihnen als vindex anerkennen, den Proceß einleiten
laſſen, und am Schluſſe der Verhandlung die vindiciae
secundum libertatem auf Grund des status quo ante
geben. Da es ſich hier aber vorzüglich nur darum handelt, daß Verginia auch nicht einen Augenblick in die Hände des Claudius gerathe, ſo
werden von Livius nur die vindiciae secundum libertatem hervorgehoben,
die anderen Punkte aber ſtillſchweigend vorausgeſetzt. Würde Appius dem
Begehren der advocati Folge gegeben haben, ſo würden ſie auch allein das
~~Verginia~~ Intereſſe der ~~hin~~länglich vertreten haben. Darum verlangen ſie für
jetzt nur die Vorverhandlung, und wollen den eigentlichen Proceß, den ſie
richtig mit res integra bezeichnen, auf des Vaters Ankunft verſchoben
ſehen. Da nämlich die lis erſt nach der litis contestatio nach vorgenommener legis actio für eine »inchoata« angeſehen wurde, ſo können ſie
füglich unter der »res integra« die legis actio und das judicium verſtehen. Die Worte der advocati deuten alſo ſelbſt auf das Begehren einer
ſolchen Vorverhandlung und der vorläufigen vindiciae hin, ungeachtet
Livius nebſtbei Ausdrücke gebraucht, die ſich nur auf die eigentlichen vindiciae beziehen (lege ab ipso lata vindicias det secundum libertatem),
deren Ertheilung, wie oben bemerkt wurde, geſetzlich geregelt war, und ſomit den Streit über eine dahin zielende »postulatio« überflüſſig machte. Deut-
licher drückt ſich Livius unten im c. 48, §. 4 aus, wo die hier von Appius den advocati wegen ihrer Zurückweiſung als vindices verweigerte
Vorverhandlung dem angekommenen Vater als dem allein tauglichen vin-

dex zugeſtanden wird, und wo der Ort ſein wird, die hier gemachten Bemerkungen über die Nothwendigkeit einer ſolchen Vorverhandlung zu vervollſtändigen.

C. 45, §§. 1 u. 2: Appius decreto praefatus, quam libertati faverit, eam ipsam legem declarare, quam Vergini amici postulationi suae praetendant. ceterum ita in ea firmum fore praesidium, si nec causis, nec personis variet. in his enim, qui adserantur in libertatem, quia quivis lege agere possit, id juris esse: in ea, quae in patris manu sit, neminem esse alium, cui dominus possessione cedat.

Ehe in die Erklärung dieſer Stelle eingegangen werden kann, muß vorerſt die Frage über die Zuläſſigkeit einer Stellvertretung im gegebenen Falle berührt werden.

Bei den legis actiones war die Proceßführung durch einen Dritten ordentlicher Weiſe nicht geſtattet. Ausnahmen beſtanden freilich, allein wann und in welcher Ordnung ſie ſich entwickelten, läßt ſich nicht beſtimmen: nur ſo viel läßt ſich nach der Natur der Sache behaupten, daß die Regel früher gilt, als die Ausnahme und daß die letztere erſt das Ergebniß des ſich praktiſch geltend machenden Bedürfniſſes iſt. Als ſolche Ausnahmen werden angeführt[55]): 1) pro libertate, in ſo ferne zum Schutz der Freiheit des als Sclaven Beanſpruchten Jedermann als assertor und in den anderen Fällen der manus injectio gegen inſolvente Schuldner jeder materiell Solvente als vindex zugelaſſen wurde. 2) pro populo, bei Klagen des römiſchen Staates und der Gemeinde; 3) pro tutela, in allen Fällen, wo ein Schutz der Waiſen nöthig wurde, alſo in den Fällen ſowol der legis actio des tutor für den pupillus, als der accusatio suspecti tutoris. 4) wenn der Beſtohlene oder ſein tutor gefangen, oder im Intereſſe des Staates abweſend war, ſo konnte ein Anderer die actio furti anſtrengen.

Wenn man nun dieſe Ausnahmen mit einander näher vergleicht, ſo wird es zweifelhaft, ob der erſte der angeführten Fälle mit den übrigen gleichartig iſt, und ob da wirklich von einer Stellvertretung geſprochen werden kann. Denn während im zweiten Falle der Staat oder die Gemeinde, im dritten der pupillus, im vierten der Beſtohlene wirklich auch als die vertretene Partei erſcheint, iſt im erſten Falle der als Sclave Beanſpruchte vielmehr das Streitobject ſelbſt, und kann

---

[55]) Rudorff, R. R. G. II. S. 88.

somit nicht als eine vertretene Partei angesehen werden. Wer also als assertor in libertatem auftrat, nahm das ~~der~~ Streitobject für sich selbst in Anspruch und führte den Proceß im eigenen Namen; somit konnte im Processe der Verginia die Frage gar wohl aufgeworfen werden, ob eine Vertretung des Vaters zulässig sei, und wirklich zielt Alles, was Livius mittheilt, dahin, daß Claudius diese Frage aufwarf und Appius sie im verneinenden Sinne beantwortete. Die Erklärung seines Decretes soll nun dies näher zeigen.

legem declarare — quam — amici postulationi suae praetendant; legem postulationi praetendere heißt ein Gesetz zu Gunsten eines Begehrens vorschützen, also dasselbe unrichtig anführen oder anrufen. Damit stellt also Appius die An w en d b a r k e i t des in Rede stehenden Gesetzes im gegebenen Falle in Abrede. — Ita in ea firmum libertati fore praesidium. — »ita« ist hier im beschränkenden Sinne zu interpretiren: »unter der Beschränkung«, »in so fern«, über welche Bedeutung zu sehen ist: Zumpt, Gramm. §. 281; — firmum libertati fore praesiduum bezeichnet den sichern Schutz, welchen das angerufene Gesetz der Freiheit geben werde. Da nämlich das Gesetz über die vindiciae erst vor kurzer Zeit gegeben worden war, so spricht Appius nur von der künftigen Wirksamkeit desselben.— Si nec causis nec personis variet; — variare kommt auch im intransitiven Sinne häufig vor und heißt: sich verändern, wechseln, schwanken; aliqua re variare heißt also bezüglich einer Sache schwanken, und lex variat sagt, daß ein Gesetz bald so, bald anders, folglich unrichtig angewendet wird; diese unrichtige Anwendung kann hier jedoch nicht von Seite des Magistrates, sondern nur von Seite der Parteien verstanden werden. Die Parteien aber wenden ein Gesetz dann unrichtig an, wenn sie es unrichtig anrufen. — Unter »causae« sind hier nicht »Verhältnisse« (Weißenborn zu dieser Stelle) im Allgemeinen, auch nicht »Umstände« (Übersetzung von Ernesti, Örtel und Ruckgaber), sondern Rechtsfälle zu verstehen, und zwar die causa liberalis, und der Rechtsfall der legis actio per manus injectionem. — Welche »personae« Appius hier meint, ergiebt sich aus dem von ihm angeführten Gegensatze: denn unter »in ea, quae in patris manu sit« versteht er offenbar die Verginia, welche b i s h e r f r e i w a r, somit sind unter »in his — qui adserantur in libertatem« jene zu verstehen, welche bisher Sclaven waren; also sind unter »personae« hier Sclaven und Freie, und unter den letzteren speziell jene zu begreifen welche sich in patris manu befinden. Wenn nun Appius sagt, daß das in

Rede stehende Gesetz der Freiheit nur in so ferne sicheren Schutz gewähren werde, als es weder bezüglich der causae, noch bezüglich der personae
unrichtig angewendet werden würde [56]), so meint er damit, daß es seine
Wirksamkeit nur unter der Beschränkung äußern werde, daß seine Anwendung für die entsprechenden causae und personae beansprucht werden würde.
Auch mit diesen Worten bestreitet Appius die Anwendbarkeit dieses
Gesetzes im gegeben. Falle, und zwar darum, weil hier ein tauglicher vindex nicht vorhanden sei, folglich auch ein Vindicationsproceß nicht stattfinden könne. Den Grund, warum im geg benen Falle ein tauglicher vindex
fehle, und somit ein Vindicationsproceß nicht eingeleitet werden könne,
spricht er mit den Sätzen aus: »quia quivis lege agere possit —
neminem esse alium, cui dominus possessione cedat.« Unter
»lege agere« ist hier die legis actio per sacramentum, und unter »neminem esse alium« ist der Vater der Verginia zu verstehen. — possessio
heißt hier nicht »Besitz« (Weißenborn), sondern Besitzthum im vulgären
Sinne des Wortes, also so viel als Eigenthum. Cicero (Paradox. 6):
prata et areas quasdam magno aestimant, quod ei generi posses-
sionum minime noceri possit. Caesar (bellum gall. I. c. 11): Allo-
broges, qui trans Rhodanum vicos possessionesque habebant. Ebenso
bell. civ. I. 17 und Cor. Nep. Att. 4, Sallust. Catil. 35. Die Bedeutung
des cedere ist schon oben erörtert. — Unter »id juris esse« ist die Anwendbarkeit des Gesetzes über die vindiciae zu verstehen.

Mit dem Satze: in his enim — — cedat, sagt also Appius Folgendes: Zu Gunsten der Sclaven sei das Gesetz unbeschränkt anwendbar, weil
da Jeder als vindex auftreten, und die legis actio per sacramentum anstrengen könne, bei Verginia aber, welche sich in der manus des Vaters
befinde, gebe es außer dem Vater Niemanden anderen, welcher dem dominus das Eigenthum streitig machen könnte. Damit werden im ersteren
Falle alle römischen Bürger als taugliche vindices, im zweiten dagegen
nur der Vater der Verginia allein als solcher anerkannt. Es ist klar, daß
damit die advocati als untaugliche vindices zurückgewiesen werden. —
Dieser Theil des Livianischen Berichtes lautet also:

»Appius sprach sich in den Erwägungsgründen zu seinem Decrete
dahin aus: Wie sehr er die Freiheit begünstiget habe, zeige gerade jenes
Gesetz, welches die Freunde des Verginius für ihr Begehren unrichtig
anrufen. Dieses werde jedoch der Freiheit nur in so ferne sicheren Schutz

---

[56]) Über diese Stellvertretung des conjunct. praes. statt des conjunct. fut.: Zumpt,
Gramm. §. 496.

gewähren, als seine Anwendung weder bezüglich der Rechtsfälle noch der Personen unrichtig beansprucht werden würde: denn nur bei den Sclaven sei dies unbedingt Rechtens, weil da jeder die legis actio anstrengen könne; bei jener dagegen, welche sich in der Gewalt des Vaters befinde, gebe es außer ihm Niemanden andern, welchem der Herr die Bestreitung seines Besitzthums zugestehen müßte.«

Diese Erklärungen des Appius geben eine hinlängliche Rechtfertigung der Art und Weise, wie oben seine dem Clienten ertheilte Instruction, dann das Auftreten und das Begehren des Claudius und der advocati aufgefaßt und erläutert wurden. Denn Appius verweigert in Übereinstimmung mit dem Begehren des Claudius den advocati die Einleitung des Vindicationsprocesses und folglich auch die Ertheilung der vindiciae secundum libertatem, weil nach seiner Ansicht die Voraussetzungen dieses Processes, nämlich taugliche vindics, nicht vorhanden sind.

Was nun die Gründe dieser seiner Ansicht betrifft, so ist unter Bezugnahme auf die oben berührte Frage über die Zulässigkeit der Vertretung des Vaters der Verginia- zu bemerken, daß der ungewöhnliche Ausdruck des Appius: in ea, quae in patris manu sit, auf eine Auffassung der der patria potestas hindeutet, welche sie mit der oben begrifflich entwickelten manus, im ursprünglichen Sinne dieses Wortes, identifizirt. In diesem antiken Sinne aber bedeutet manus so viel als Eigenthum. Demgemäß lautete auch die alte Vindicationsformel so:

Assertor in libertatem:

Hunc ego hominem ex jure Quiritium meum esse ajo, secundum suam causam. Ecce tibi vindictam imposui [57]).

Assertor in servitutem:

---

[57]) Zu vgl. Drackenborch zu dieser Stelle des Livius. Auch Puchta (Instit. II. §. 161, S. 88—92, und §. 213, S. 440, 441). Rein (Privatrecht S. 896) und Rudorff (R. G. II. S. 127—133 und daselbst Note 8) stellen für die vindicatio in libertatem keine eigenen Formeln auf und lassen zwischen ihr und der vindicatio rei den ganzen Unterschied nur in der Verschiedenheit der Regulirung der definitiven vindiciae bestehen. Dagegen nimmt Wetzell an (Vindicationsproceß S. 50, 51), der assertor in libertatem habe sich nicht dieser Formel bedient, sondern habe vielmehr gesprochen: ajo hunc hominem liberum esse ex jure Quiritium, und habe sich demnach auch nicht der vindicta bedienen können. Er folgert dies hauptsächlich aus der manu missio vindicta. Daß jedoch der assertor bei der manu missio die vindicta gebraucht habe, nehmen selbst jene an, welche so, wie er, meinen, der assertor habe bei der manu missio die Worte gesprochen: »hunc hominem liberum esse volo«. (Rein: Privatrecht, S. 571, Lange: Alterth., S. 147.) Allein das Symbol des quiritischen Eigenthumes Jemanden

Hunc ego hominem ex jure Quiritium meum esse ajo, secundum suam causam. Ecce libi vindictam imposui.

Praetor: mittite ambo hominem.

Appius argumentirt also auf folgende Weise: Würde einer der advocati als vindex zugelassen werden, so würde er einerseits behaupten müssen, daß Verginia ihm gehöre, anderseits müßte er dadurch, daß er sie als noch in der manus ihres Vaters stehend zugäbe, wieder von vorn herein bekennen, daß sie ihm nicht gehöre. Weil also nach dem eigenen Geständniß der advocati der Vater der Verginia noch lebe, diese also noch in seiner manus stehe, so kann ohne Widerspruch mit sich selbst nur dieser behaupten, daß sie ihm gehöre, folglich könne nur er allein als vindex auftreten. Daher könne jeder Beliebige nur dann als vindex anerkannt werden, wenn er nicht zugleich zugeben muß, daß die beanspruchte Person nicht ihm gehöre. Dieses aber ist nur dann der Fall, wenn entweder die beanspruchte, bisher freie Person, in gar keiner manus steht, oder der in Anspruch Genommene in der Sclaverei lebt; in diesen Fällen könne jeder auch fälschlich behaupten, daß die beanspruchte Person ihm gehöre, weil es jedem freistehe, sachfällig zu werden, wenn er seine Ansprüche nicht zu erweisen vermag. Appius weiset also den hier auftretenden Kläger gerade so zurück, wie dieser mit seiner Klage von einem modernen Richter zurückgewiesen werden würde, wenn er einerseits die Eigenthumsklage anstrengen wollte, anderseits aber selbst gestände, daß er weder selbst Eigenthümer, noch vom Eigenthümer oder sonst wie zum Processe legitimirt sei. Die Lage der advocati ist darum so mißlich, weil sie die Klage nicht für sich anstrengen, sondern das Vorhandensein eines noch lebenden Vaters zugestehen, und auf diese Weise sich die Möglichkeit selbst benehmen, der Proceß im eigenen Namen zu führen.

Die antike Anschauung, welche Appius bezüglich der patria potestas hier zeigt, und in Folge welcher er die in dieser Zeit wahrscheinlich noch unentschiedene Frage über die Zulässigkeit der Stellvertretung des Vaters aufwirft, mag in dieser Zeit wohl schon einer milderen Auffassung im praktischen Leben Platz gemacht haben, allein theoretisch dürfte sie noch nicht ganz aufgegeben gewesen sein. Denn einerseits finden sich noch in der Decemviralgesetzgebung Hindeutungen auf dieselbe, anderseits treten weder die advocati, noch Icilius mit Gegengründen auf, son-

---

auflegen, zugleich aber seine Freiheit behaupten, ist von einer contradictio in adjecto nicht viel verschieden. Wie die manus injectio auch zur Befreiung indirect angewendet wurde, so dient auch die festuca indirecter Weise zur Befreiung, während sie directer Weise nur die Geltendmachung der Eigenthumsansprüche andeutet.

bern sie empfinden nur das materielle Unrecht, welches daraus für die
Verginia erwächst, und ergehen sich nur in Bemerkungen, welche der Frage
des strengen Rechtes ausweichen, und nur die natürliche Billigkeit zum
Gegenstande haben. Ein Schiedsrichter würde den Appius sicherlich ver-
urtheilt haben. Dies dürfte auch der Grund sein, warum Verginius nach
dem Sturze der Decemvirn den Appius wiederholt auffordert (lib. III.
c. 56, §. 4; c. 57, §. 5), die Sache vor einen Schiedsrichter zu bringen,
und warum Appius diesen Antrag seines Gegners zurückweist.

c. 45, §. 3: Placere itaque patrem arcessiri; interea juris sui jacturam adsertorem non facere, quin **ducat** puellam sistendamque in adventum ejus, qui pater dicatur, promittat.

- »Quin« hat hier die Bedeutung von »daß nicht vielmehr« oder
»sondern«; zu sehen Weißenborn zu dieser Stelle und zu Livius I. c. 42,
§. 2, Fabri zu Sallust. Catil. c. 39, §. 4. Das Decret verfügt also, der
Vater solle herbeigerufen werden; indessen aber solle Claudius sein
Recht nicht einbüßen, sondern die secum ductio des Mädchens
vornehmen, und zugleich Bürgen geben, daß er dem heimgekehrten
Vater die Tochter vor Gericht stellen werde. Dieses Decret sucht scheinbar sowohl dem strengen Rechte, als der Billigkeit zu entsprechen. Da
nämlich die sich erbietenden vindices zurückgewiesen werden, so muß Appius die dem Claudius nach dem strengen Rechte zustehende ductio gut-
heißen; weil jedoch Claudius in seinem Begehren dem Vater den Rechtsweg offen ließ, und sich wegen der Sicherstellung des Klagrechtes desselben
indirect zur Bürgenstellung erbot (zu vgl. die Anmerkungen zu c. 44, §.
10), so läßt auch Appius dem Vater den Rechtsweg offen und verpflichtet den Claudius zur erwähnten Bürgenstellung. Dieser Beisatz hat aber
nebstbei auch den Zweck, die advocati möglichst zu beruhigen, ihrer postulatio nach Thunlichkeit zu entsprechen, und dadurch die Härte zu mildern,
welche in ihrer Zurückweisung liegt.

Vergleicht man nun die dem Claudius gegebene Instruction, sein Auftreten und seine Anträge mit dem Verfahren des Appius, so findet man, daß
Alles im strengsten Zusammenhange und in vollkommener Übereinstimmung
steht. Appius geht nämlich Punct für Punct auf die bisher dargelegten Anträge seines Clienten ein; denn Claudius bestreitet zuerst die Tauglichkeit
der sich stellenden vindices, gesteht dieses Recht nur dem Vater zu, dem er
deshalb auch den Rechtsweg sicher stellt, und verlangt die secum ductio
als eine von selbst sich ergebende, rechtliche Folge: alle diese Punkte finden
im Decrete des magistratus ihre Anerkennung. Dessenungeachtet steht die

4

herrschende Meinung in diesem Decrete nur ein Decret über vindiciae, und
Schmidt meint deshalb, daß es hier am unrechten Platze stehe, und erst
nach der Ankunft des Numitorius und Icilius erflossen sein könne. Allein
diese beiden können nach der Anschauung des Appius ebenso wenig als
einer der advocati als vindices zugelassen werden. Appius erklärt ja ausdrücklich, daß das Gesetz über die vindiciae nur zu Gunsten der Sclaven
unbeschränkt anwendbar sei, weil nur in diesem Falle Jeder als vindex
auftreten, und einen Vindicationsproceß veranlassen könne, während für
jene, welche sich noch in der Gewalt ihres Vaters befinden, außer dem
Vater Niemand anderer, also auch nicht Numitorius, als tauglicher vindex angesehen werden könne. Wäre Numitorius als vindex anerkannt,
und somit das in Rede stehende Decret ein Decret über die vindiciae,
so hätte nicht nur die Herbeiziehung des Vaters, sondern auch die Art der
Bürgenstellung keinen Sinn. Denn dann wäre die Anwesenheit des Vaters
processualisch nicht nothwendig, und die Bürgschaft wäre nicht dem
Vater, sondern dem Numitorius zu geben.

Ebenso klar als die Zurückweisung der vindices ist im Decrete die
ductio ausgesprochen, wo es ausdrücklich heißt: quin ducat puellam. Der
Grund, warum Schmidt auch im letzten Theile dieses Decretes keine
Verfügung über die ductio findet, scheint, wenn man von dem oben er-
läuterten Ausdruck »possessio« absieht, vorzüglich darin zu liegen, daß
in demselben der Ausdruck addicere oder addictio nicht vorkommt; wenigstens kann man dies aus den Worten folgern, welche er
p. 79 gebraucht: »Hätte wirklich Virginia ohne einen Vertreter darauf
Anspruch gemacht (nämlich auf die vindiciae secundum libertatem), so
wäre es sogar die Pflicht des Magistrates gewesen, die addictio an
Claudius auszusprechen.« Allein gerade dieser Ausdruck wäre hier darum
bedenklich, weil er in dieser Zeit nur in der freiwilligen Gerichtsbarkeit
und im Straf- und Contumacial-Verfahren vo.kam [58]). Das Zwölftafelgesetz (I. frg. 8) gebraucht ihn nämlich nur im Falle der contumacia
bei dinglichen Klagen (post meridiem stlitem praesenti addicito), bei
der Executivklage per manus injectionem dagegen bedient es sich des Ausdruckes ducere (Gell. XX. c. 1, §. 45), wie auch Gaius (IV. 21) nicht
vom addicere, sondern nur vom ducere spricht. Die Ausdrücke: ducere,
abducere, ductus, abductus werden nicht bloß vom nexus und judicatus,
welchen der Gläubiger kraft seines Rechtes aus dem nexum und judica-

[58]) Rudorff, R. G. II. S. 133. Anmerk. 24.

tum vor den Prätor und dann nach Hause in das m a n c i p i u m führt, sondern auch von den Kindern gebraucht, welche der Vater kraft väter= licher Gewalt, und von den Sclaven, welche der Herr in Anspruch nimmt; denn in allen diesen Fällen wird die manus wirksam. Im gleichen Sinne ist auch das uxorem d u c e r e aufzufaßen. So läßt Livius (II. c. 23) einen Schuldner klagen: aes alienum fecisse — — d u c t u m se a creditore non in servi- tutem, sed in ergastulum et carnificinam esse, und auch Dionysius spricht nur von ἄγειν, ἀπάγειν, ἀγώγιμος, ἀπαγωγή; z. B. IV. 9: τοὺς οὐκ ἐάσω πρὸς τὰ χρέα ἀπάγεσθαι. Ebenso IV. 11; V. 64; VI. 1; VI. 29. Sogar, nachdem an die Stelle der Privat=Execution die Staats=Execution getreten und die ductio vom Prätor abhängig geworden war, kommt noch der Ausdruck ducere vor, jetzt freilich in Verbindung mit dem jubere des praetor. (Lex Rubr. c. 21 u. 22.) Im gewöhnlichen Leben jedoch wurden die Ausdrücke ductus, duci jubere und addictus, addicere anfangs häufig mit einander ver= wechselt (z. B. Liv. VI, 14.), zuletzt wurde der Ausdruck addictus, addicere auch bei den Juristen fast allgemein [59]). So Cicero pr. Flacco c. 20: cum judicatum non faceret, addictus Hermippo et ab hoc ductus est. Quintil. instit. orat. VII. 3 : cum quaeritur, an addictus, quem lex ser- vire, dum solverit, jubet, servus sit; und Gellius XX. c. 1. §. 44 und 51.

Durch dieses Dekret ist nun Verginia in aller Form Rechtens Sclavin des Claudius, weßhalb sie Appius im c. 48 §. 3 ausdrücklich schon mancipium und den Claudius schon dominus nennt. Die legis actio per manus injectionem ist also eben abgethan, als der mütterliche Oheim des Mädchens, Numitorius, und der Bräutigam Icilius in jure erscheinen; denn Livius erzählt weiter:

c. 45 §. a d v e r s u s i n j u r i a m d e c r e t i cum multi magis fremerent, quam quisquam unus recusare anderet, Publ. Numitorius puellae avunculus et sponsus Icilius interveniunt (§. 5). dataque inter turbam via cum multitudo Icili maxime interventu r e s i s t i posse Appio crederet, lictor decresse ait, vociferantemque Icilium submovet.

Hierauf (§. 6—11) läßt Livius nicht den Numitorius (wie es Dionysius thut), sondern den feurigen Icilius, und zwar nur als Bräu= tigam, das Wort führen, weil er durch die Beschreibung des Auftretens des Bräutigams mehr Wirkung erzielen zu können glaubt; es ist dies auch gleichgiltig: denn keiner von beiden kann als vindex anerkannt wer= den. Als nun aber der Bräutigam, bie‗ductio bekämpfend, dem Appius

---

[59]) z. vgl. Huschke: Nexum S. 58, 60, 61, 79, 134, 149.

mit dem Schwerte interpretiren will, wer ein tauglicher vindex sei, wird
letzterer in seiner antiken Anschauung zwar etwas wankend, allein er ist
noch weit entfernt, dieselbe aufzugeben; Livius berichtet:

c. 46, §. 1: Concitata multitudo erat certamenque in-
stare videbatur. lictores Icilium circumstete-
rant. nec ultra minas tamen processum est §. 2, cum Appius non
Verginiam defendi ab Icilio, sed inquietum hominem et tribunatum etiam nunc spirantem locum
seditionis quaerere diceret (§ 3). non praebiturum se illi eo
die materiam : sed ut jam sciret, non id petulantiae suae, sed Verginio
absenti et patrio nomini et libertati datum, jus eo die se non dicturum,
neque decretum interpositurum;

Icilius gegenüber weicht also Appius der Rechtsfrage aus, spielt
die Sache auf das politische Feld und erklärt, er werde sich von einem
Icilius nicht zwingen lassen; zum Beweise dafür werde er heute in dieser Sache nichts mehr thun und sein Dekret nicht ändern, setzt aber bei:

a Mario claudio petiturum, ut decederet jure suo vin-
dicarique puellam in posterum diem pateretur (§. 4);
quod nisi pater postero die adfuisset, denunciare se Icilio, similibus-
que Icili, neque legi suae latorem, neque decemviro constantiam defore.

Hier entsteht zunächst die Frage, was Livius unter diesem »vindicari« versteht. Daß hier nicht die eigentlichen vindiciae gemeint sein können, welche der praetor post causam ordinatam zu geben hatte, hat
schon Schmidt nachgewiesen, und auch die Bedeutung dieses vindicari
hat schon er im allgemeinen richtig erklärt. Vindicare ist nämlich die
Intensiv-Form von vindicere = vim dicere (Gellius XX. 1, §. 45: aut
quis endo eom jure vindicit), wie dies auch die Ausdrücke vindex,
vindicta, vindiciae beweisen. Die Wurzel des lateinischen dicere ist noch
im griechischen δεικνύναι (Stamm δικ) vorhanden. Vindicere heißt also ursprünglich »Gewalt zeigen oder äußern« und in Beziehung auf ein Object
bedeutet es, dasselbe in seine Gewalt, oder in den physischen Besitz nehmen« [60]. Vindicare ist also hier in seiner ursprünglichen Bedeutung gebraucht, und entspricht genau dem griechischen Aorist κρατῆσαι von κρατεῖν,
welches ebenfalls »physisch besitzen« bedeutet und von Theophilus [61] im Unterschiede von ἕμιωσθαι (juristisch besitzen) mit φυσικῶς κατέχειν erklärt wird .

[60]) 3. vgl. Pott: Etymol. Forschungen I. S. 266; Ottfried Müller: im Rhei-
nisch. Museum V. 6. S. 190; Jhering. Geist, I. S. 153; Rudorff R. G. II. S. 128.

[61]) Paraphr. Instit. III. 29. §. 2.

Appius erklärt also, er wolle den Claudius ersuchen, er möge von dem ihm als Eigenthümer zustehenden Rechte auf den physischen Besitz der Sclavin abstehen, und diese bis auf den nächsten Tag von ihren Angehörigen in Gewalt nehmen lassen. Wenn nun Claudius diese Bitte erfüllt, so bleibt er noch immer Eigenthümer und juristischer Besitzer der Sclavin. Appius gibt also dem Icilius in der Rechtsfrage durchaus nicht nach: er handelt hier nicht mehr als magistratus, sondern als Patron, er dekretirt nicht, sondern er bittet; die ganze Concession, die er dem Icilius macht, besteht darin, daß die Durchführung des erlassenen Dekretes — mehr in seinem eigenen Interesse, als aus Rücksicht auf Icilius — für heute sistirt, und auf morgen verschoben wird, wo er des gegen ihn ausgebrochenen Sturmes durch das Aufgebot größerer Machtmittel leichter Meister zu werden hofft. Daher lassen sich die Worte: »in posterum diem« und »nisi pater postero die adfuisset« nicht dahin interpretiren, daß damit ein Termin im Vindicationsprozesse anberaumt werde. Indem nämlich Schmidt im ersten Dekrete des Appius eine vorläufige Regulirung des Besitzstandes sieht, so meint er, daß mit diesen Worten der erste Termin im Vindicationsprozesse festgesetzt werde, so daß nach seinem Ablaufe der zweite Termin beginne, in welchen die eigentliche legis actio fällt (S. 83—93). Der Auffassung der hier in Rede stehenden §§. im Sinne einer neuen Besitzregulirung stehen nicht geringe Bedenken entgegen; denn vorerst würde Appius durch eine neue Verfügung dieser Art sein früheres Decret thatsächlich aufheben, und dadurch den Fehler wieder gut machen, den er sich durch die vermeintliche, gesetzwidrige Besitzregulirung zu Schulden kommen ließ, was sowol seinem Charakter als seinem hier erörterten Auftreten und seinen Erklärungen widersprechen würde. Ferners würde die Forderung des Appius, daß Verginius schon am nächsten Morgen als vindex auftreten solle, nicht bloß eine arge Inconsequenz in sich schließen, sondern wahrscheinlich auch gegen die Proceßnormen verstoßen. Denn in diesem Falle hätte Appius die Tauglichkeit eines der gleich anfangs aufgetretenen vindices schon anerkannt und hätte somit kein Recht, noch einen zweiten tauglichen vindex zu fordern, sondern er müßte den einmal als tauglich befundenen auch die legis actio vornehmen lassen. Außerdem wäre ein solcher Termin nicht erst in Folge stürmischer Auftritte von Seite des Icilius und des Volkes, sondern gleich nach dem Dekrete festzusetzen gewesen. Gegen Schmidt's Ansicht scheinen aber auch die processualischen Formen zu streiten. Denn es ist kaum anzunehmen, daß der magistratus heute Abends die Vorverhandlung abthun und die Vorname der legis actio, ohne Einigung der Parteien und folglich eigenmächtig, schon auf morgen anberaumen konnte. Ein solches Verfahren würde, wenn es jemals bestanden hätte, nicht bloß die Erreichung des Zweckes der Vorverhandlung theilweise vereitelt haben, sondern es würde im gegebenen Falle sogar nicht geringe proceßualische Bedenken gegen sich haben. Denn wie soll es im Legisactionsprocesse, in welchem nicht einmal eine Vertretung durch Andere zulässig war, möglich gewesen sein, Jemanden, der heute gar nicht gegenwärtig ist, und nach gewöhnlicher Berechnung auch am nächsten Morgen nicht leicht gegenwärtig sein kann, ohne sein Wissen und Wollen heute eigenmächtig zur Partei zu machen, und ihm als Proceßgegner auf morgen sogar einen Termin festzusetzen, dessen fast nothwendige Versäumung für ihn nicht ohne Nachtheil bleiben kann. Appius kann also gar nicht verlangen, daß der Vater schon am nächsten Morgen als vindex auftreten solle, sondern seine hier in Rede stehenden Worte sagen nur so viel, daß er die Durchführung seines Dekretes auf morgen verschiebe, wo er es dann mit den ihm zu Gebote stehenden Mitteln durchzuführen wissen werde; dies bestätigen seine eigenen Worte (§. 4): quod nisi pater postero die adfuisset, denuntiare se ... neque decemviro constantiam defore; nec se utique collegarum lictores convocaturum ad coercendos seditionis auctores, contentum se suis lictoribus fore. Die Erwähnung des Vaters bei dieser Gelegenheit hat also keinen andern Sinn, als daß es ihm freistehe, sein Recht, wenn er es wolle und könne, sogar schon morgen geltend zu machen, wenn er aber dies nicht thue, so werde die ductio ohne weitere Rücksicht auf ihn um jeden Preis durchgeführt werden.

c. 46, §. 7 u. 8 cum instaret adsestor puellae (Genitiv), ut vindicaret sponsoresque daret (scil. Icilius), atque id ipsum agi diceret Icilius .. manus tollere undique multitudo et se quisque paratum ad spondendum Icilio ostendere, —. ita vindicatur Verginia spondentibus propinquis.

Der Client erfüllt also die Bitte seines Patrons und überläßt aus Gefälligkeit und Rücksicht gegen den mächtigen Decemvir, nicht aber in Folge rechtlicher Verpflichtung, seine Sclavin bis auf den nächsten Tag ihren Angehörigen gerade so, wie jeder Eigenthümer seine Sache aus Gefälligkeit Jemanden gegen Sicherstellung wegen der Zurückgabe derſelben auf eine beſtimmte Zeit zur Innehabung überlaſſen kann. Die Bürgenſtellung des Icilius iſt daher nicht jener gleich, zu welcher früher Claudius verpflichtet worden war und welche auch die advocati hätten leiſten müſſen, wenn einer von ihnen als vindex anerkannt worden wäre. Die Bürgeſtellung des Claudius bezieht ſich nämlich auf einen allfälligen, künftigen Vindicationsprozeß, die des Icilius dagegen auf die an den nächſten Tag anberaumte Durchführung der ductio. Wäre nun der Vater am nächſten Morgen nicht erſchienen, ſo hätte Icilius die Verginia zum Zwecke der ductio ausliefern, und Claudius in Folge des erſten Detretes Bürgen geben müſſen, daß er dem ſpäter als vindex auftretenden Vater die Tochter vor Gericht ſtellen und ſie nicht früher etwa tödten oder an einen Andern unter Verhältniſſen veräußern werde, welche ihre vindicatio in libertatem erſchweren oder unmöglich machen würden.

Was die nicht proceßualiſchen Elemente dieſes Theiles des Livianiſchen Berichtes betrifft, ſo beſchließen im § 5 die Angehörigen der Verginia ohne Wiſſen des Appius noch in jure, den Bruder des Icilius und den Sohn des Numitorius ſchleunigſt zum Verginius zu ſchicken, welcher ſich im Lager auf dem Berge Algibus befand. Dieſe beiden machen ſich auf der Stelle auf den Weg und reiten mit verhängten Zügeln davon. Appius ſitzt noch einige Augenblicke zu Gericht und begibt ſich, als ſich keine Partei mehr meldet, nach Hauſe. Dort angekommen, ſchreibt er an ſeine Collegen im Lager, ſie ſollen dem Verginius einen allenfalls verlangten Urlaub verweigern, ja ſogar ihn ſtrenge bewachen. Der Brief des Decemvirs kommt am nächſten Tage erſt dann an ſeinen Beſtimmungsort, nachdem Verginius, von dem Unglück ſeiner Tochter unterrichtet, ſich den Urlaub ſchon erwirkt und bereits um die erſte Vigilie ſich auf den Weg nach Rom gemacht hatte (§§. 9 u. 10).

Dadurch nun, daß Verginius ſchon am nächſten Morgen in Rom erſcheint, ſieht ſich der Decemvir in ſeiner gemachten Rechnung zwar in gewiſſer Beziehung getäuſcht, allein es ſtehen ihm gleichwohl noch jetzt zur Realiſirung ſeines Planes Wege offen, ohne daß er darum das formelle Recht zu verletzen braucht. Der Decemvir hatte nämlich gehofft, die Ankunft des Vaters auf längere Zeit zu verhindern, und hatte vielleicht ſogar ſeinen Untergang im Auge; Claudius hätte ſich ſomit gemäß dem weiten Umfange ſeiner traurigen Rechte [61]) gegen die Sclavin für längere Zeit ſeinem Patron gefällig zeigen können, ohne ſich ſelbſt,

---

61) Döllinger: Judenthum und Heidenthum, S. 704—712, Regensburg 1857.

oder ihn der Gefahr einer Klage auszuſetzen. Da nun aber der Vater erſchienen war, ſo muß der Decemvir ihn zwar als tauglichen vindex anerkennen und auf die Ausnützung einer längeren Zeit verzichten, allein die Natur des Proceſſes bringt den Vater beßenungeachtet in eine höchſt ungünſtige Lage, und macht ſeinen Gegnern die Erreichung ihrer Pläne, ſelbſt in dem nicht ſo ganz gewiſſen Falle, daß ſie im Proceſſe unterliegen, zu einer leichten Sache. Um ſeine Zwecke zu erreichen, braucht Appius nur die von den advocati oben erbetene, aber ihnen verweigerte Vorverhandlung in jure heute anzuordnen, für die Vorname der legis actio aber einen andern Tag zu beſtimmen. In der Vorverhandlung war der Beſitz nach dem status quo zu reguliren, und dieſer mußte nach dem Standpunkte des Appius der ſein, daß Verginia Sclavin des Claudius iſt, und ſomit ihre factiſche Freiheit erſt post causam ordinatam nach vorgenommener legis actio wieder erlangen kann. Denn der Umſtand, daß Claudius ſeine Sclavin einige Stunden ihren Angegörigen zur Innehabung über-ließ, ändert den status quo noch nicht.

An dem zur Durchführung der ductio beſtimmten Tage bietet Ap-pius alle ihm zu Gebote ſtehende materielle Gewalt auf, um das über ſein Verfahren empörte Volk niederhalten zu können. Livius (c. 48 §§. 1 u. 2) läßt nämlich ihn ausdrücklich erklären: certis quoque indiciis compertum se habere, nocte tota coetus in urbe factos esse ad mo-vendam seditionem, itaque se haud inscium ejus dimica-tionis cum armatis descendisse, non ut quemquam violaret, sed ut turbantes civitatis otium pro majestate im-perii coerceret. Gegen das Erwarten des Decemvirs erſcheint Ver-ginius als vindex ſchon an dieſem Tage in jure unter dem fieberhaft erregten Volke, und ſäumt im Bunde mit Icilius nicht, reichliches Oehl in das Feuer zu gießen. Der nun folgende Bericht des Livius iſt eben ſo kurz als dunkel; er erzählt:

c. 47, §§. 4 u. 5: Adversus quae omnia obstinato animo Appius — in tribunal escendit, et ultro querente pauca petitore, quod jus sibi pridie per ambitionem dictum non esset, priusquam aut ille postulatum perageret, aut Verginio respondendi daretur locus, Appius interfatur. Quem decreto sermonem praetenderit:— quia nusquam ullum in tanta foeditate decreti verisilem invenio, id quod constat, nudum videtur proponendum, decresse vindicias secundum servitutem.

Das hier erzählte wird allgemein für eine Darlegung jenes Thei-les des Vindicationsproceſſes gehalten, in welchen die legis actio fiel, und in welchem die eigentlichen vindiciae zu ertheilen waren. Demgemäß gilt auch das hier von Appius erlaffene Decret allgemein für ein Decret über die eigentlichen vindiciae.

Es ift nun zu erörtern, ob die oben befprochene Vorverhandlung in jure im gegebenen Falle für Berginius überflüffig war, und wenn fie es gewefen wäre, ob diefelbe nicht die Rechtsformen verlangten; ferners wenn fie rechtlich zwar nicht nothwendig, fondern bloß möglich gewefen wäre, ob fie Claudius nicht verlangen und Appius nicht geftatten muß; endlich, ob nicht der Bericht des Livius felbft, fo wie die Erzählungen aller übrigen Berichterftatter und das Dekret des Appius es beftätigen, daß man hier nur mit einer Vorverhandlung zu thun hat?

Vorerft ift es unwahrfcheinlich, daß der centurio Berginius die gerichtliche Procedur fo genau kennt, daß er ohne weiteres die legis actio vornehmen kann. Allein wenn man diefes ihm auch zugefteht, fo muß er von Appius doch erft förmlich als vindex anerkannt, und dadurch be= rechtigt werden, von feinem Gegner die Angabe des factifchen Klaggrun= des und feiner Beweismittel zu verlangen. Berginius kann zwar von fei= nen Freunden wiffen, auf welchen Rechtsgrund hin Claudius die ductio vornahm, allein er muß einerfeits dies aus feinem eigenen Munde in jure hören, anderfeits kennt er noch nicht feine Beweismittel, und weiß namentlich noch nicht, wer feine indices und feine Zeugen find. Denn im c. 44, §§. 9 u. 10 hatte Claudius bloß foviel gefagt: puellam domi suae natam, furtoque inde in domum Verginii translatam suppositam ei esse, id se indicio compertum adferre probaturumque. Wer find nun feine indices, worin beftehen feine Beweife? Alles diefes muß Ver= ginius von ihm felbft in jure hören, damit er fich Gegenbeweife ver= fchaffen kann, was nicht felten eine längere Zeit erfordert, zumal in Fällen, wo wie es hier gefchieht, der Gegner fein Begehren auf That= fachen ftützt, die vor 15 Jahren gefchehen find, und wo er mit falfchen Zeugen hinreichend verfehen ift. (Dionys. c. 29: διὰ μηνύσεως ἐπιγνοὺς καὶ μάρτυρας ἔχων πολλοὺς καὶ ἀγαθούς.) Zudem ift die wirkliche Mutter der Berginia fchon todt, dagegen die Sclavin, welche Claudius als ihre Mutter vorgibt, noch am Leben! (Dionys. c. 29 und 30.) Außer den Fragen, welche Cicero de partitione orat. c, 28 berührt, und welche in der Vorverhandlung erledigt werden mußten, fcheint auch die Vindica= tionsformel das Vorausgehen einer folchen Vorverhandlung fowohl zur praktifchen als rechlichen Nothwendigkeit zu machen. Angenommen näm= lich, daß das Schickfal der auf dem forum ergriffenen Berginia keine

Theilname gefunden hätte, und daß Claudius in seinen ductio durch aufgetretene vindices nicht beirrt worden wäre, so würde er seinen Plan in aller Stille realisirt haben, ohne daß Jemand wüßte, auf welchen Grund hin er die ductio vornahm. Wenn nun der Vater später als vindex erschienen wäre und er den Proceß alsogleich mit der legis actio hätte beginnen müssen, so würde er erst in judicio erfahren haben, warum Claudius die ductio vorgenommen hatte. Denn bei der legis actio kann er von ihm nur so viel hören, daß er sein quiritisches Eigenthum in Gemäßheit einer causa verfolge (hunc hominem ex jure Quiritium meum esse ajo secundum suam causam sicut dixi), und auf seine Frage: postulo, anne dicas, qua ex causa vindicaveris, kann er wieder nur die Antwort erhalten: jus peregi, sicut vindictam imposui. Die legis actio wäre also vorgenommen und Verginius verpflichtet, am bestimmten Tage vor den Decemviris sſlitibus judicandis zu erscheinen, die lis wäre durch die litis contestatio eine inchoata, und Verginius müßte noch immer nicht, auf welchen factischen Klaggrund Claudius sein auf das quiritische Eigenthum gerichtetes Begehren stütze. Erst in judicio würde er hören, Verginia sei ihm untergeschoben worden, und sei eigentlich nur die Tochter einer Sclavin des Claudius; dieser könnte also mit allen Beweismitteln ausgerüstet, seine Ansprüche erweisen, während Verginius ohne Gegenbeweise dastände. Die Formel der legis actio setzt also selbst eine Vorverhandlung voraus, in welcher alle ihre Voraussetzungen festgestellt werden mußten. Sie erscheint daher nur als der kurze, genau bestimmte, starre, für alle Klagen einer Richtung geltende Ausdruck der früher stattgefundenen Vorverhandlung, während die formula des Formularprozeſſes vom Prätor selbst auf Grund der vorhergegangenen und von ihm selbst geleiteten Verhandlungen von Fall zu Fall redigirt wurde.

Aber selbst in dem Falle, daß man die rechtliche Nothwendigkeit einer solchen Vorverhandlung bestreitet, und nur ihre rechtliche Möglichkeit zugibt, muß Claudius eine solche verlangen, und Appius sie gewähren. Denn wenn die legis actio schon an diesem Tage stattfindet, dann hat Appius keine Ausflucht mehr: nach vorgenommener legis actio muß er die vindiciae secundum libertatem geben, nach dem klaren Wortlaut des Gesetzes und nach seiner eigenen Erklärung (Liv. c. 45 §§. 1 und 2). Wenn aber dies geschieht, dann ist die Erreichung des von ihm entworfenen Planes, wenn auch nicht ganz unmöglich, so doch wenigstens sehr in Frage gestellt; denn in judicio hat Claudius nicht mehr mit Appius zu thun und soll dennoch Sieger bleiben. Die hier vertheidigte Ansicht wird aber auch von den Berichterstattern bestätiget. Um mit dem Berichte des Livius zu beginnen, so fällt es vor Allem auf, daß die Vorname der legis actio und das sacramentum nirgends erwähnt werden, und doch müssen sie vor der Regulirung des Besitzes zur Sprache kommen. Ferners zeigen die §§. 1 bis 3 des c. 47, daß der Vater und das Volk um das Schicksal der Verginia in höchster, und nach dem, was vorausgegangen, sehr begründeter Angst schweben, die aber ganz grundlos wäre, wenn der Proceß sich schon im zweiten Stadium befände. Denn der Vater, dessen Anwesenheit die Tochter nach den eigenen Erklärungen des Appius retten kann, ist ja gegenwärtig, und wenn der Proceß sich schon in diesem Stadium befindet, so muß die Verginia durch die vindiciae secundum libertatem die factische Freiheit wieder erlangen, und kann somit nicht schon jetzt in die Hände des Claudius gerathen. Unter diesen Voraussetzungen hätten an diesem Tage alle Angehörigen und Freunde der Verginia beruhigt sein müssen. Diese Angst ist daher nur durch die Annahme einer Vorverhandlung erklärbar, deren Stattfinden noch nicht verhindern kann, daß Verginia in die Hände des Claudius gerathe, und die ductio realisirt werde. Die Besorgniß, welche Alle empfinden, hatte somit ihren Grund nur in der leicht erklärbaren Ungewißheit, ob man wohl im Stande sein wird, die ductio zu verhindern. Für die Vorverhandlung sprechen ferner selbst die wenigen Worte, mit welchen Livius diese Verhandlung abthut; er sagt: et ultro querente pauca petitore, quod jus sibi pridie per ambitionem dictum non esset, priusquam aut ille postulatum perageret, aut Verginio respondendi daretur locus, Appius interfatur. Claudius hatte zunächst den Vater als vindex anzuerkennen, dann den factischen Klagegrund (das sogenannte genus actionis) mit den Beweismitteln und das Klagbegehren anzuführen, und hierauf die Regulirung des Besitzes in der Art zu verlangen, daß die Verginia in seine Hände käme. Die ersten Erklärungen hat Verginius nicht an diesem Tage, sondern erst in judicio zu beantworten, wohl aber kann er bezüglich der Besitzregulirung Anträge stellen. Wie nun Livius oben in der Erzählung des Begehrens der advocati nur das Wichtigste und ihm Bekannteste hervorhebt, nämlich den Punkt bezüglich der vindiciae, so übergeht er auch hier die ersten Anträge des Claudius und berührt nur sein Begehren der vindiciae. Dies ergibt sich aus der Beschwerde des Claudius, daß er ohnehin schon gestern in Folge der

»Gunsthascherei« (per ambitionem) des magistratus nicht sein volles Recht erhalten habe. Gestern hatte er nämlich den physischen Besitz der Verginia aus Gefälligkeit gegen den Magistratus an die Anverwandten abtreten müssen, weßhalb er ihn heute um so ernster verlangt. Daher ist unter dem »postulatum« des Claudius nicht das Klagbegehren, sondern nur das Verlangen der vindiciae zu verstehen. Hätte man nun hier mit jener Verhandlung zu thun, in welcher die legis actio vorkam und die eigentlichen vindiciae zu ertheilen waren, so wäre das, was Livius über die hier in Rede stehende Verhandlung berichtet, geradezu unerklärlich. Denn der magistratus muß ja die legis actio von beiden Parteien vornehmen lassen, und was die vindiciae betrifft, so hat er gerade in diesem Falle dieselben nicht auf Grund der Anträge der Parteien nach seinem subjectiven Ermessen, sondern nach der klaren Vorschrift des Gesetzes zu geben. Daher kann bei der eigentlichen Verhandlung in jure weder Claudius in seinem postulatum unterbrochen, noch dem Verginius das Wort verweigert werden, und ebenso wenig können die Parteien dabei bezüglich der vindiciae in Streit gerathen.

Daß in der Vorverhandlung dagegen Appius so verfahren konnte, und daß dabei der Besitz streitig sein mußte, wird bei der Erklärung des Dekretes selbst gezeigt werden.

Zu Gunsten der Vorverhandlung spricht endlich auch die Art und Weise, wie Dionysius diesen Theil des Processes darstellt. Wie unten gezeigt werden wird, hat Dionysius ganz dieselbe Proceß-Materie, welche sich bei Livius findet, verarbeitet, dabei aber auch die dunklen Partien des Processes durch einige Conjecturen aufzuhellen gesucht, und so aus dieser Vorverhandlung eine Schlußverhandlung gemacht, in welcher Appius als magistratus und judex, ja sogar als Zeuge fungirt und schließlich die ductio anordnet. Dionysius ergänzt und bestätigt daher den Bericht des Livius, wenn er den Claudius und Verginius weitläufiger sprechen, den letzteren jedoch ebenfalls unterbrochen werden läßt. Wenn nun bei ihm auch vom factischen Klaggrunde, von den indices, von den Zeugen und von der ductio die Rede ist, so kann man daraus folgern, daß davon sachgemäß auch in den Quellen die Rede war, deren Darlegungen Livius hier bedenklich befindet und darum hier nicht anführt, wohl aber später im c. 48 §§. 3 u. 4 andeutet. Zu einer solchen Darstellung dieser Verhandlung hätte aber Dionysius nicht gelangen können, wenn sie wirklich die eigentliche Verhandlung in jure gewesen wäre, weil die letztere die Erwähnung des Klaggrundes, der indices, der Zeugen und der ductio ausschließt.

Von der hier vorgetragenen Ansicht ist auch Puchta's Anschauung der Sache nicht weit entfernt, wenn er (Instit II. S. 97) meint: »Appius habe ohne Zweifel die F o r t s e t z u n g der Verhandlung auf e i n e n a n d e r e n T a g v e r s c h o b e n.« Daß hier nur von einer Vorverhandlung die Rede sein kann, scheint aber sogar Schmidt selbst gefühlt zu haben. Denn ungeachtet er die erste Verhandlung über die Tauglichkeit der vindices und über die ductio nur für eine Vorverhandlung im Vindicationsprocesse hält, so bemerkt er dennoch zu dieser zweiten Verhandlung, welche er als die eigentliche Verhandlung in jure erklärt, in der Anmerkung 24, S. 93 folgendes: »Es ist aber auch möglich, daß, da Icilius (oder Numitorius) seine Klage fallen ließ, und nun der Vater als Vindicant auftritt, dieser Termin wiederum als d e r e r s t e v o r l ä u f i g e betrachtet wurde, und die vindiciae w i e d e r n u r v o r l ä u f i g zu reguliren waren.« Ja diese Vorverhandlung muß sogar als ganz selbstverständlich angesehen worden sein, weil dem Appius wegen ihrer Anordnung nirgends ein Vorwurf gemacht wird, ungeachtet ihre Anberaumung für das Schicksal der Verginia entscheidend war.

Wir gelangen nun zur Erklärung des letzten Dekretes des Appius, für dessen Erwägungsgründe Livius in den Quellen nichts ihm Einleuchtendes fand.

Es ist oben dargelegt, daß in der Vorverhandlung die vindiciae auf Grund des status quo zu reguliren waren. Die Schwierigkeit liegt aber eben darin, was hier als status quo zu gelten hat. Denn in diesem Falle erscheint gerade der status quo ein verschiedener, je nachdem man sich auf die Seite des Vaters und der Anverwandten der Verginia, oder auf die Seite des Claudius und Appius stellt. Die ersteren, vom materiellen Unrecht des Claudius überzeugt, müssen behaupten: Der Rechtsgrund der ductio und die Zurückweisung der vindices sei verwerflich und in Folge davon auch die gutgeheißene ductio nichtig gewesen; somit sei Claudius kein Eigenthümer und habe darum keinen Besitz an die Anverwandten übertragen können; Verginia sei also frei, müsse in den Händen des Vaters belassen werden, und somit seien die vindiciae secundum libertatem zu geben. Dagegen muß Claudius auf seine ductio und auf sein Eigenthum sich berufen und geltend machen, daß Verginia seine Sclavin sei, und daß seine gestern bewiesene Humanität den status quo nicht ändern könne. Es ist klar, daß Appius den status quo im Sinne des Claudius interpretiren, und die vindiciae secundum servitutem geben

muß, woburch sich auch sein angeblich ra sch es Verfahren in dieser Frage
erklärt.

Da nun die früher gestattete ductio erst durch dieses Dekret über die
vindiciae ihre Verwirklichung fand, so erklären sich auch die Widersprüche,
welche die verschiedenen Berichte über dieses Dekret scheinbar enthalten. Livius allein spricht sowohl von der Ertheilung der vindiciae, als von der
Realisirung der ductio : letzteres ist in den Worten ausgesprochen, welche
Appius c. 48 §. 3 gebraucht : lictor submove turbam et da viam domino ad prendendum mancipium, und durch den Umstand, daß
im c. 48, §. 4. Verginius dem Appius gegenüber auf ben Rechtsgrund der ductio zurückkommt: deinde sinas hic coram virgine
nutricem percontari, quid hoc rei sit, ut, si falso pater dictus
sum, aequiore animo discedam; alle anderen Berichterstatter dagegen heben entweder nur die ductio (Aurelius Victor, Diobor Siculus, Dionysius, Florus, Zonaras) oder nur die Ertheilung der vindiciae secundum servitutem hervor (Cicero, Asconius, Pomponius), ein
Umstand, welcher die hier geltendgemachten Ansichten nicht wenig unter-
stützt. Die erwähnten Berichte lauten :

Aurelius Victor, de viris illust. c. 21. Appius Claudius
Verginiam Verginii centurionis filiam, in Algido militantis, adamavit:
quam quum corrumpere non posset, clientem subornavit, qui eam in
servitutem deposceret ; facile victurus, cum ipse esset et accusator et
judex. Pater re cognita cum ipso die judicii supervenis-
set et filiam jam addictam videret ultimo ejus colloquio
impetrato eam in secretum abduxit et occidit. (Ebenso Livius c. 48,
§§. 4 unb 5.)

Diod. Sicul. XII. c. 24: Τοῦδε (scil. ἄρχοντος) διακούσαντος τῆς
κατηγορίας καὶ τὴν κόρην ἐγχειρίσαντος, ἐπιλαβόμενος ὁ συκοφάντης
ἀπήγαγεν ὡς ἰδίαν δούλην, ὁ δὲ πατὴρ τῆς παρθένου παρὼν
καὶ δεινοπαθῶν, ὡς οὐδεὶς αὐτῷ προςεῖχε, παραπορευόμενος κατὰ τύχην
παρὰ κρεοπώλιον, ἁρπάσας τὴν παρακειμένην ἐπὶ· τῆς σανίδος κοπίδα,
ταύτῃ πατάξας τὴν θυγατέρα ἀπέκτεινεν. (Ebenso Livius c. 48 §. 1—6.)

Dionysius, XI. c. 36: μαρτυρῶ τ' αὐτῷ (scil. Κλαυδίῳ) καὶ κρίνω
εἶναι τοῦτον τῆς παιδίσκης κύριον.

Florus, I. c. 24: cum oppressam judicio filiam trahi in servitutem videret Verginius pater, nihil cunctatus in medio foro
manu sua interfecit.

Zonaras, VII. c. 18: ἐλθὼν οὖν ὁ τῆς κόρης πατὴρ ἐκ τῶν

στρατοπέδου ἐδικαιολογεῖτο. ὡς δὲ Κλαύδιος ταύτης κατεψηφίσατο
καὶ τοῖς δουλαγωγοῦσιν (αὐτὴν) ἡ κόρη παρεδόθη καὶ οὐδεὶς
ἐπήμυνεν, ὑπερήλγησεν ὁ ταύτης πατὴρ καὶ τὴν θυγατέρα κοπίδι διαχειρισά-
μενος πρὸς τοὺς στρατιώτας, ὡς εἶχεν, ἐξώρμησεν.
Cicero: de repub. III, 32, 44: Tertio illo anno, quum vindicias amisisset ipsa libertas.
Asconius: in Ciceron. Corn. p. 77: (Appius Claudius), qui
contra libertatem vindicias dedit.
Pomponius: L. 2, §. 24. D. de orig. jur. etc. (I. 2): Initium
fuisse secessionis dicitur Verginius quidam, qui — — — indignatus,
quod vetustissima juris observantia in persona filiae suae defecisset, (utpote cum Brutus — — in persona Vindicis, Vitelliorum servi vindicias secundum libertatem
dixisset — —) et castitatem filiae vitae quoque ejus praeferendam
putaret, arrepto cultro de taberna lanionis filiam interfecit.

Es ist noch die Frage zu berühren, warum dem Appius die Zu=
rückweisung der vindices nirgends ausbrücklich [63]) zur Schuld ange=
rechnet, sondern sein Unrecht vorzüglich nur in der Ertheilung der vindiciae secundum servitutem oder in der Durchführung der Ductio ge=
sehen wird, ungeachtet letzteres Verfahren nur die nothwendige Folge des
ersteren ist. Die hier berührte Frage dürfte sich vielleicht damit beant=
worten lassen, daß das Volk, wenn es einmal von einem materiel=
len Unrecht überzeugt ist, sich um Fragen, welche in das Gebiet des
formellen Rechtes gehören, nicht kümmert, zumal wenn dieselben den be=
gründeten Anschein sophistischer Deductionen zur Unterlage haben. Das
Volk wird also auch in diesem Falle nur das materielle Unrecht her=
vorgehoben und behauptet haben, daß die ductio ungerecht war, und das
Appius die vindiciae secundum servitutem gegeben habe, wo sie secundum libertatem zu ertheilen gewesen wären. Diese Anschauung des
Volkes über das Verfahren des Appius wird aber auch in die ge=
wöhnlichen Berichte über diesen berühmten Proceß übergegangen sein,
weil die Juristen, als die eigentlichen Staatsmänner Roms, ihre Thä=
tigkeit zu sehr den Bedürfnissen des praktischen Lebens gewidmet hatten,

---

[63]) Indirect ist dieser Vorwurf an mehreren Stellen ausgesprochen; Liv. e.
45, §. 4: adversus injuriam decreti cum multi magis fremerent, quam quisquam
unus recusare auderet, — — — und ebenso hat der Wiederstand, welchen Icilius
und das Volk dem Appius entgegensetzen, nur diesen Vorwurf zur Voraussetzung.

als daß sie im Stande gewesen wären, sich mit geschichtlichen Darlegungen zu befassen. Daher waren die geschichtlichen Darstellungen auch solcher berühmter Processe nur Nichtjuristen überlassen. Dazu kommt noch der Umstand, daß der durch die Gallier verursachte Brand so manche historische Quelle vernichtet oder verdunkelt hatte. Aus diesem Grunde wird auch Q. Fabius Pictor, welcher von Livius (I. 44) scriptorum antiquissimus genannt wird, und welcher die Geschichte Roms von der Erbauung der Stadt bis zum zweiten, von ihm selbst mitgemachten, punischen Kriege, somit auch den Sturz der Decemviren behandelt hat, über diesen Proceß keine allzu betailirten und sicheren Nachrichten gehabt haben. Dieser Proceß ist also den späteren Römern durch Darstellungen überliefert, deren Abfassung schon in eine Zeit fällt, in welcher der alte Legisactionenproceß schon neuen Proceßformen gewichen und theilweise unverständlich geworden war. Dies bestätiget auch die Aeußerung des Livius im c. 47, §. 4 : quem decreto sermonem praetenderit: quia nusquam ullum verisimilem invenio, ... woraus hervorgeht, daß dem Livius zwar eine hinreichende Anzahl von Berichten über diesen Proceß vorlag, daß aber ihre Ansichten bezüglich der Erwägungsgründe dieses Dekretes mit einander im Widerspruche standen. Wer aber über die erwähnten Erwägungsgründe zu keiner klaren Anschauung gelangt, dem muß auch der ganze Proceß mehr oder weniger unverständlich sein, weil er dadurch verräth, daß er die Zurückweisung der vindices und die darauf folgende ductio, sowie die Natur der einzelnen Verhandlungen nicht klar erkannt hat. Diese Unsicherheit der späteren Berichterstatter findet aber darin ihre Entschuldigung, daß sie gerade von jenen Eigenthümlichkeiten des ordentlichen Legisactionenprocesses erzeugt worden war, welche ihnen am wenigsten begreiflich sein konnten, nämlich, daß in diesem Processe ordentlicher Weise eine Stellvertretung der Parteien unzulässig und das Stattfinden einer Vorverhandlung eine unabweisliche Nothwendigkeit war. Es ist ferner eine überall wahrzunehmende Thatsache, daß die späteren Römer die Zustände ihrer Gegenwart auch in die Vergangenheit hinübergetragen, und letztere nur nach den ersteren beurtheilt haben; man kann daher schließen, daß die erwähnten Eigenthümlichkeiten des ordentlichen Legisactionenprocesses von den späteren Nichtjuristen um so weniger gekannt waren, als in ihrer Zeit die Erweiterung der Herrschaft und des Verkehrs die Unzulässigkeit der processualischen Stellvertretung zu etwas Undenkbarem gemacht, der Formularproceß aber das Stattfinden einer Vorverhandlung nicht in allen

Fällen erfordert hatte. [64]) Aus diesem Grunde wird auch in den erwähn=
ten Berichten die Frage der proceſſualiſchen Stellvertretung, die Zurück=
weiſung der vindices nirgends ausdrücklich hervorgehoben, und von den
vindiciae in einer Weiſe geſprochen worden ſein, daß darunter nicht die
vorläufigen, ſondern nur die eigentlichen verſtanden werden konnten. Aus
dieſer Unklarheit, bezüglich der Zurückweiſung der vindices, und bezüglich
der Natur jener Verhandlung, in welcher Appius die vindiciae secundum
servitutem gab, laſſen ſich ſogar auch die Dunkelheiten erklären, welche
in dem ſonſt ganz ſachgemäßen Berichte des Livius ſich vorfinden.

Livius beginnt ſeine Erzählung dieſes Proceſſes mit der Hinwei=
ſung auf jene Inſtruction, welche Appius ſeinem Clienten zur Durchfüh=
rung der entſprechenden Executivklage gab. Er erzählt demnach ſachge=
mäß, Appius habe den Claudius unterrichtet, welchen Punkt er jenem
ſtreitig machen ſolle, der allenfalls ſich der Verginia als vindex anneh=
men, und ſomit die Durchführung der Executivklage vereiteln wollte. Da=
bei trifft Appius, als der gründlichſte Kenner des Legisactionenproceſſes,
genau den Punkt, welcher für einen allfälligen Gegner des Claudius der
ſchwächſte ſein mußte; nämlich die Frage der Stellvertretung des Vaters
der Verginia und die daran ſich knüpfende Frage bezüglich der Tauglich=
keit der ſich etwa ſtellenden vindices; allein weil dieſe Fragen dem Li=
vius aus oben angegebenen Gründen ferne lagen, ſo gebraucht er an die=
ſer Stelle Ausdrücke, welche die ganze Inſtruction ſo unbeutlich machen,
daß man erſt durch viele Folgerungen ihren Sinn ermitteln kann. Er
ſpricht nämlich davon, daß Claudius ſeinen allfälligen Gegnern die
vindiciae secundum libertatem beſtreiten ſoll, wodurch man
auf den Gedanken hingeleitet werden kann, als ob es ſich hier nur um
die Frage handelte, auf welche Weiſe im gegebenen Falle die vindiciae zu
ordnen wären, ungeachtet von einem Streite in dieſer Beziehung hier um
ſo weniger die Rede ſein, als Livius unter dieſen vindiciae nur die
eigentlichen vindiciae verſteht, wie es ſich aus den Worten ergibt, welche
ſpäter die advocati und Appius ſelbſt gebrauchen. Dem Appius und
Claudius kann es ſich aber nur um die Vereitlung der Einleitung des
Vindicationsproceſſes handeln; denn iſt dieſer einmal eingeleitet, dann
muß der magistratus nach dem gewohnheitlichen oder geſchriebenen Rechte
verfahren, und die Erreichnng ſeines Planes wird ihm nur mehr durch

---

[64]) Dies ergibt ſich aus den Worten, welche Cicero part. orat. c. 28 über die
Nothwendigkeit der Vorverhandlung gebraucht: Atque etiam ante judicium ——
solet esse contentio, etc.

offene Nichtbeachtung des formellen Rechtes möglich, was ein Mann, wie Appius um so gewisser vermieden hat, als ihm der oben angedeutete sichere Weg zur Realisirung seines Planes offen stand. Livius verwechselt also hier die Bestreitung der vindicatio in libertatem, oder die Bestreitung der Tauglichkeit der sich stellenden vindices mit der Bestreitung der vindiciae, ein Irrthum, welcher auch in der weiteren Darlegung des Processes nothwendig Undeutlichkeiten erzeugen muß.

Demgemäß läßt er die Männer, welche sich der Verginia annehmen, zwar thatsächlich als vindices auftreten, und die Theilname derselben hätte sonst sogar keinen Sinn; allein er hebt nirgends ausdrücklich hervor, daß sie sich zu solchen erboten haben, aber zurückgewiesen worden seien. Denn er läßt sie auf dem forum die erschrockene Verginia beruhigen, und hierauf in jure in ihren Anträgen auch die vindiciae verlangen, ungeachtet sie diese nur in so ferne begehren konnten, als sie sich zuvor auch als vindices erboten haben; denn ohne vindex gibt es keinen Vindicationsproceß, und ohne diesen keine vindiciae. Wenn nun hierauf der Magistrat ihnen die vindiciae verweigert und dem Claudius das ducere puellam zugesteht, so müssen sie als vindices zurückgewiesen worden sein. Ihre Zurückweisung ist daher zwar indirect, nicht aber auch direct ausgesprochen. Weiter läßt er sie verlangen, daß der eigentliche Proceß, folglich auch die legis actio und die eigentlichen vindiciae, auf so lange verschoben werden, bis der Vater heimgekehrt wäre, womit sie für heute offenbar nur das Stattfinden einer Vorverhandlung und die vorläufigen vindiciae beantragen, gleichwohl aber läßt er sie dabei Ausdrücke gebrauchen, welche nur auf die eigentliche Verhandlung in jure und auf die eigentlichen vindiciae hindeuten (lege ab ipso lata det vindicas).

Ebenso ist auch das erste Decret des Appius der Hauptsache nach richtig mitgetheilt; denn Appius sagt da ausdrücklich, daß das Besitzthum des Claudius nur der Vater bestreiten könne, und daß deshalb das Recht desselben sichergestellt werden müsse, allein er spricht zugleich von der Unanwendbarkeit seines Gesetzes, und zwar in einer Weise, daß man erst durch Folgerungen erräth, daß er damit nur das Nichtstattfinden des Vindicationsprocesses, und somit die Zurückweisung der vindices versteht. Das Gleiche läßt sich auch über das Auftreten des Icilius sagen. Dieser mußte nämlich das »decresse«, welches ihm der lictor zurief, gar wohl dahin verstanden haben, daß die ductio bereits angeordnet worden sei, dennoch aber erklärt er nirgends ausbrücklich, daß er sie als nichtig ansehe und selbst als vindex anerkennt werden wolle. Diese seine Absicht läßt sich ebenfalls erst durch Folgerungen errathen, welche aus seinem Ausdruck: me vindicantem« gezogen werden können. Auch die Beschreibung der letzten Verhandlung in dieser Rechtssache ist sachgemäß, allein auch hier deuten die Worte »in tanta foeditate decreti« an, daß Livius in dieser Verhandlung die eigentliche Verhandlung in jure, und in diesen vindiciae die eigentlichen vindiciae sah. Wäre diese Verhandlung wirklich jene gewesen, in welche die legis actio fiel, dann hätte Appius durch die Art seiner Besitzregulirung klaren Gesetzen offenen Hohn gesprochen, und dann wäre sein Dekret wirklich ein foedum gewesen; allein, wenn dieser Ausdruck überhaupt zu gebrauchen war, so hätte ihn Livius bei der Erzählung der Zurückweisung der vindices brauchen sollen. Also sind die Dunkelheiten auch im Berichte des Livius dadurch verursacht, daß auch er die Frage bezüglich der Zuläßigkeit der Stellvertretung im Legisactionenprozesse und die daran sich knüpfende Zurückweisung der sich erbietenden vindices nicht klar erkannt, und die vorläufigen vindiciae in der Vorverhandlung mit den vindiciae in der eigentlichen Verhandlung in jure verwechselt hat, dadurch aber zur Ansicht gekommen ist, daß Appius gegen sein eigenes Gesetz gehandelt habe, was nun auch die mehrmalige Erwähnung dieses Gesetzes erklärt.

Der erwähnten Dunkelheiten ungeachtet stehen jedoch alle Theile des Livianischen Berichtes mit einander im strengsten Zusammenhange und in vollkommener Übereinstimmung mit den legis actiones per manus injectionem und per sacramentum, woraus hervorgeht, daß Livius sonst mit richtigem Takte der besten Quelle gefolgt ist, und sie gewissenhaft wiedergegeben hat. Die hie und da hervortretende Undeutlichkeit der Erzählung und Unsicherheit des Ausdruckes wird man gewiß entschuldigen, wenn man bedenkt, daß der Legisactionenproceß den späteren Römern bald zu einer wenig begriffenen Antiquität geworden war. Verräth doch sogar auch Cicero, welcher sich doch mit der Jurisprudenz ernstlich beschäftiget hat, bezüglich dieses Processes nicht blos nur fragmentarische, sondern auch unklare Vorstellungen, wie sein Spott über das anscheinend Sinnlose eines großen Theiles der bei der legis actio per sacramentum gebrauchten Solennitäten es genügend beweist (Cicero pro Murena c. 12; z. vgl. pro Caecin. c. 23; de off. I. c. 1§; de orat I, 55).

5*

Der Bericht des Dyonisius [65]).

Der Bericht des Dionysius ist zwar viel weitläufiger, als der des Livius, allein er enthält auch Vieles, was gar kein proceſſualiſches Intereſſe hat. Demnach ſollen der Kürze wegen hier nur jene Stellen ſeines Berichtes angeführt werden, welche eutweder ſelbſt die Materie des Proceſſes enthalten, oder dieſelbe irgendwie aufzuklären geeignet ſind.

Lib. XI. c. 28 (p. 2229 §. 10—15): μεταπεμψάμενος (scil. Ἄππιος) δή τινα τῶν ἑαυτοῦ πελατῶν, Μάρχον Κλαύδιον, ἄνδρα τολμηρὸν καὶ πρὸς πᾶσαν ὑπηρεσίαν ἕτοιμον, τό τε πάθος αὐτῷ διηγεῖται καὶ διδάξας, ὅσα ποιεῖν αὐτὸν ἐβούλετο καὶ λέγειν, ἀποστέλλει συχνοὺς τῶν ἀναιδεστάτων ἐπαγόμενον.

Auch nach dem Berichte des Dionyſius inſtruirt der Decemvir ſeinen Clienten, was er thun und was er reden ſoll. Das ποιεῖν bezieht ſich zunächſt auf das Ergreifen (ἐπιλαμβάνεσθαι) der Verginia, das λέγειν aber uur auf die bekannte Diebſtahls= und Unterſchiebungs = Geſchichte. Denn wie es ſich gleich zeigen wird, ergreift Claudius die Verginia, ohne den Rechtsgrund ſeines Verfahrens anzugeben, und rechtfertiget ſeinen Schritt erſt in jure.

Ungeachtet ferner Dionyſius die von Livius hervorgehobene Beanſtandung der vindices hier wegläßt, weil ihn ſein Standpunkt zu dieſer Weglaſſung nöthiget, ſo bezieht ſich doch die Inſtruction des Appius auch nach ſeinem Berichte nicht auf eine secum ductio ohne weiteres, ſondern auf einen Proceß, und die weitere Erzählung des Dionyſius wird zeigen, daß bei ihm Claudius genau ſo inſtruirt iſt, als bei Livius, dennoch aber fährt er hier anders fort und berichtet:

c. 28 (p. 2230 §. 1—5): ὁ δὲ παγενόμενος ἐπὶ τὸ διδασκαλεῖον ἐπιλαμβάνεται τῆς παρθένου, καὶ φανερῶς ἄγειν ἐβούλετο δι᾽ ἀγορᾶς. κραυγῆς δὲ γενομένης καὶ πολλοῦ συνδραμόντος ὄχλου κωλυόμενος, ὅποι προῃρεῖτο τὴν κόρην ἄγειν, ἐπὶ τὴν ἀρχὴν παραγίγνεται. Richtiger Livius c. 44 §§. 7 u. 8.

Dionyſius läßt alſo den Claudius die Verginia zwar auch vor den Augen Aller ergreifen und über das Forum führen, allein er läßt ihn erſt vom zuſammengeſtrömten Volke genöthiget werden, ſeinen Weg zum magistratus einzuſchlagen. Daß

---

diese Abweichung vom Berichte des Livius nur auf einer Conjectur des Dionysius beruht, und daß dieser durch seinen Standpunkt dazu genöthiget war, wird unten gezeigt werden.

Es fällt schon hier nicht wenig auf, wie ein so rechtskundiger Magistrat als Appius, den Rath geben kann, eine erwachsene, durch Schönheit ausgezeichnete Plebejerin, welche volle 15 Jahre in anerkannter Freiheit gelebt hatte, ohne allen Proceß als Sclavin mit sich nach Hause zu führen, und ihre Freiheit und Ehre mit einem einzigen, nie wieder ganz gut zu machenden Schlage zu vernichten. Allein wie Dionysius das »manum injecit« seiner Quelle nicht gehörig verstanden hat, indem er es mit »ἐπιλαμβάνεται« übersetzt, was nämlich nicht mehr sagt als »prendit« (Diodor. Sicul. XII. c. 24 und Livius III. c. 48. §. 3.), ebenso ist ihm der weitere Verlauf der legis actio per manus injectionem unbekannt.

c. 28 (p. 2230 §. 5—10): ἐκάθητο δ' ἐπὶ τοῦ βήματος τηνικαῦτα μόνος Ἄππιος χρηματίζων τε καὶ δικάζων τοῖς δεομένοις. βουλομένου δ' αὐτοῦ λέγειν κραυγή τε καὶ ἀγανάκτησις ἦν ἐκ τοῦ περιεστῶτος ὄχλον, πάντων ἀξιούντων περιμένειν, ἕως ἂν ἔλθωσιν οἱ συγγενεῖς τῆς κόρης. καὶ ὁ Ἄππιος οὕτως ἐκέλευσε ποιεῖν. — Richtiger Livius c. 44 §. 8.

Vor den Magistrat gekommen, läßt also das Volk den Claudius nicht zum Vortrag kommen, sondern verlangt, man müsse warten, bis die Anverwandten des Mädchens gekommen wären, was Appius ohne Anstand zugesteht.

Was wären die römischen Gerichte gewesen, wenn jeder Volkshaufe die Macht gehabt hätte, einer Partei vor Gericht das Wort zu nehmen? Und dies soll einem Appius gegenüber geschehen sein, der die ganze Gewalt in seinen Händen trug, und der mehr Energie besaß, als es seinen Mitbürgern heilsam war! Wie soll ferners Appius seinen Plan erreichen, wenn er die vindices gleichsam selbst herbeiholen läßt, und die angekommenen, wie es sich gleich zeigen wird, bereitwillig anerkennt. Ein solches Verfahren würde ihn, wie schon oben bemerkt wurde, zur offenen Uebertretung des bestehenden gewohnheitlichen oder geschriebenen Rechtes nöthigen, was für ihn gewiß schlimmer sein würde, als wenn er sich als Privatmann Ungesetzlichkeiten erlaubte, ein Umstand, der einem Manne, wie Appius gewiß nicht unbekannt war. Die Darstellung, welche Dionysius hier gibt, steht mit seiner oben erwähnten Conjectur in Verbindung und kann ebenfalls erst unten näher erörtert werden.

c. 28 (p. 2230 §. 10—15): ὡς δ' ὀλίγος ὁ μεταξὺ χρόνος

ἐγεγόνει, καὶ παρῆν ὁ πρὸς μητρὸς θεῖος τῆς παρθένου, Πόπλιος Νομιτόριος, φίλους τε πολλοὺς ἐπαγόμενος καὶ συγγενεῖς, ἀνὴρ ἐκ τῶν δημοτικῶν ἐμφανὴς, καὶ μετ' οὐ πολὺ Λεύκιος, ὁ παρὰ τοῦ πατρὸς ἐγγεγυημένος τὴν κόρην Ἰκῖρα περὶ αὐτὸν ἔχων νέων δημοτικῶν καρτεράν. — Richtiger Livius c. 45 §§. 4 u. 5.

Der Oheim des Mädchens, Numitorius erscheint also sogleich, und wenige Augenblicke darauf der Bräutigam Icilius, beide unter zahlreicher Begleitung. Nach ihrer Ankunft beginnt der Vindicationsproceß und Schmidt meint, daß an diesem Tage nur eine Vorverhandlung gepflogen, die eigentliche Verhandlung in jure aber auf den folgenden Tag anberaumt worden sei. So sachgemäß die Annahme einer solchen Vorverhandlung für den Fall des Vindicationsprozesses auch ist, so kennt sie doch Dionysius nicht, sondern nach ihm findet an diesem Tage die eigentliche Verhandlung in jure und am folgenden die Schlußverhandlung statt, welche mit dem Endurtheil des Appius endiget, daß Claudius Eigenthümer der Verginia sei.

c. 29 (p. 2231 §. 5—15; p. 2232 §. 1—15): Σιωπῆς δὲ γενομένης Μάρκος Κλαύδιος, ὁ τῆς παιδὸς ἐπιλαβόμενος, τοιοῦτον διεξῆλθε λόγον·

„Οὐδὲν οὔτε προπετὲς οὔτε βίαιον πέπρακταί μοι περὶ τὴν κόρην, Ἄππιε Κλαύδιε· κύριος δ' αὐτὸς ὢν κατὰ τοὺς νόμους ἄγω. ὃν δὲ τρόπον ἐστὶν ἐμὴ, μάθε. ἔστι θεράπαινα πατρικὴ, πολλοὺς πάνυ δουλεύουσα χρόνους. ταύτην κύουσαν ἡ Οὐεργινίου γυνὴ συνήθη καὶ εἰσοδίαν οὖσαν ἔπεισεν, ἐὰν τέκῃ, δοῦναι τὸ παιδίον αὐτῇ. κἀκείνη φυλάττουσα τὰς ὑποσχέσεις γενομένης αὐτῇ ταύτης θυγατρὸς πρὸς ἡμᾶς ἔσκηψατο νεκρὸν τεκεῖν, τῇ δὲ Νομιτορίᾳ δίδωσι τὸ παιδίον· ἡ δὲ λαβοῦσα ὑποβάλλεται καὶ τρέφει παίδων οὔτ' ἀρρένων οὔτε θηλειῶν οὖσα μήτηρ· πρότερον οὐκ ἐλάνθανέ με ταῦτα. νῦν δὲ διὰ μηνύσεως ἐπιγνοὺς καὶ μάρτυρας ἔχων πολλοὺς καὶ ἀγαθοὺς καὶ τὴν θεράπαιναν ἐξητακὼς ἐπὶ τὸν κοινὸν ἁπάντων καταφεύγω νόμον, ὃς οὐ τῶν ὑποβαλλομένων, ἀλλὰ τῶν μητέρων εἶναι τὰ ἔκγονα δικαιοῖ, ἐλευθέρων μὲν οὐσῶν ἐλεύθερα, δούλων δὲ δοῦλα, τοὺς αὐτοὺς ἔχοντα κυρίους, οὓς ἂν καὶ αἱ μητέρες αὐτῶν ἔχωσι. κατὰ τοῦτον τὸν νόμον ἀξιῶ τὴν θυγατέρα τῆς ἐμῆς θεραπαίνης ἄγειν καὶ δίκας ὑπέχειν βουλόμενος, ἐὰν δ' ἀντιποιῆταί τις, ἐγγυητὰς καταστῆσαι ἀξιόχρεως, ἄξειν αὐτὴν ἐπὶ τὴν δίκην· εἰ δὲ ταχεῖαν βούλεταί τις γενέσθαι διάγνωσιν, ἕτοιμος ἐπὶ σοῦ λέγειν τὴν δίκην αὐτίκα μάλα καὶ μὴ διεγ-

*γνᾶν τὸ σῶμα, μήτ' ἀναβολὰς τῷ πράγματι προςάγειν ὁπο-
τέραν δ' ἂν οὗτοι βουλήθωσι τῶν αἱρέσεων, ἑλίσθωσαν.*

Die Betheuerungen, welche Claubius bei Livius den advocati gegenüber auf dem Forum ausspricht: »nihil opus esse multitudine concitata:
se jure grassari non vi« werden bei Dionysius von ihm in Folge der
stürmischen Fragen, die Icilius an ihn stellt, dem Appius gegenüber ausgesprochen; dann führt Claubius die Unterschiebungsgeschichte, welche er bei
Livius sachgemäß kurz darstellt, hier weitläufig aus, beruft sich auf die gemachte Anzeige, auf das Geständn'ß seiner Sclavin, auf die vielen glaubwür-
digen Zeugen, endlich auf das Gesetz, nach welchem die Kinder einer Sclavin ihrem Herrn gehören und verlangt auf diese Gründe hin die
ductio (*ἀξιῶ — ἄγειν*). Wie bei Livius, so erbietet er sich auch bei Dionysius zum Beweise seiner Behauptuugen, allein dort sagt er sachgemäß: se
probaturum vel ipso Verginio judice, interim etc., hier dagegen
sagt er : *τὰς δίκας ὑπέχειν βουλόμενος*, und erbietet sich damit dazu,
seine Beweise alsogleich zu führen. Demgemäß fügt er seinem Begehren
die Erklärung bei, daß er bereit sei, entweder taugliche Bürgen zu geben,
daß er die Verginia in das judicium bringen würde (*ἄξειν αὐτὴν ἐπὶ τὴν
δίκην*), wenn Jemand jetzt als vindex anstrete (Dionysius sagt nämlich
nicht : *ἐὰν ἀντιποιήσηται* τις, sondern *ἐὰν ἀντιποιῆται* τις), oder die Sache
ohne Aufschub alsogleich zu Ende führen (*λέγειν τὴν δίκην* [causam pero-
rare] *αὐτίκα μάλα καὶ μὴ διεγγυᾶν τὸ σῶμα, μήτ' ἀναβολὰς τῷ πράγματι
προςάγειν*), wenn Jemand eine alsogleiche Endentscheidung der
Sache verlange (*εἰ δὲ ταχεῖαν βούλεταί τις γενέσθαι διάγνωσιν*).
Schließlich überläßt er den Anwesenden (*οὗτοι*) die Wahl, ob für heute nur
die Regulirung der eigentlichen vindiciae, oder schon das judicium Statt
finden solle.

Aus diesen Erklärungen des Claubius geht hervor, daß er bereit ist einen
allenfalls sich erbietenden vindex anzuerkennen, und daß er es für möglich
hält, den Vindicationsproceß entweder mit der eigentlichen Besitzregulirung oder auch sogar mit dem judicium zu beginnen.
Wie er ferners bei Livius die ductio verlangt und sich zur Bürgestellung erbietet, so thut er dies auch bei Dionysius, nur spricht er dort seine Bereitwilligkeit, jedem die Möglichkeit des Rechtsweges offen zu halten, schon auf dem Forum den advocati gegenüber aus, hier aber erst in jure, allein mit dem Unterschiede, daß seine Bereitwilligkeit dort nur Schein, hier hingegen Wahrheit ist.

Claubius hat also nach dem Berichte des Dionysius gegen die auftretenden vindices so wenig einzuwenden, daß er ihnen sogar selbst den

Vindicationsproceß anbietet; wie er dabei seine Absicht erreichen soll, ist nicht abzusehen; wenn ferners die vindices tanglich sind, wozu sind denn die Versicherungen, daß er einem Processe nicht ausweichen wolle? Dies hängt ja nicht von seinem Willen ab, sondern den Proceß muß er annehmen, wenn taugliche vindices vorhanden sind. Diese Versicherungen haben nur bei Livius einen Sinn, wo er nach der Beanstandung der vindices dem Vater allein der Rechtsweg offen läßt.

Folgen wir seinen Erklärungen weiter, so werden wir noch größerer Widersprüche gewahr. Wenn nämlich die sich erbietenden vindices tauglich sind, dann muß Verginia frei werden, — zumal wenn die eigentlichen vindiciae schon heute ertheilt werden sollen, — und in die Hände ihres vindex gelangen, dann hat aber nicht Claudius, sondern der vindex Bürgen zu geben, daß er sie vor das Gericht stellen werde; somit hat auch diese Anerbietung der Bürgenstellung nur bei Livius einen Sinn, weil dort die ductio verlangt wird, aber zugleich das Recht des Vaters durch die Bürgenstellung von Seite des dominus gewahrt werden soll. Endlich enthält die von Claudius den Anwesenden freigestellte Wahl zwischen der Regulirung der eigentlichen vindiciae und dem judicium schon für den heutigen Tag sowohl eine processualische als eine praktische Unmöglichkeit. Denn wie soll es processualisch möglich gewesen sein, die Vorverhandlung, die eigentliche Verhandlung in jure, und noch obendrein die Verhandlung in judicio an Einem Tage und in Einem Zuge abzuthun, oder den Vindicationsproceß wohl gar mit der Schlußverhandlung zu beginnen? Dazu kommt noch, daß die hier in Rede stehende Verhandlung sowohl nach dem Berichte des Livius als des Dionysius in den letzten Stunden Nachmittags gepflogen wird, und auch Claudius selbst seine indices und Zeugen nicht zur Hand hat, davon abgesehen, daß Appius gegen die bestehenden Proceßformen nicht bloß als magistratus, sondern auch als judex fungiren soll (ἕτοιμος ἐπί σου [scil. Ἀππίου] λέγειν τὴν δίκην αὐτίκα μάλα καὶ μὴ διεγγυᾶν τὸ σῶμα).

c. 30 (p. 2233, §. 1—15; p. 2234, §. 1—15; p. 2235, §. 1—15; p. 2236, §. 1—15;): Τοιαῦτα εἰπόντος Κλαυδίου καὶ πολλὴν προςθέντος δέησιν ὑπὲρ τοῦ μηδὲν ἐλαττωθῆναι τῶν ἀντιδίκων, ὅτι πελάτης ἦν καὶ ταπεινός, παραλαβὼν τὸν λόγον ὁ τῆς κόρης θεῖος ὀλίγα καὶ αὐτὰ τὰ πρὸς τὸν ἄρχοντα εἰρῆσθαι προςήκοντα εἶπε·

Πατέρα μὲν εἶναι τῆς κόρης (λέγων) Οὐεργίνιον ἐκ τῶν δημοτικῶν, ὃν ἀποδημεῖν στρατευόμενον ὑπὲρ τῆς πόλεως,

μητέρα δὲ γενέσθαι Νομιτορίαν, τὴν ἀδελφὴν τὴν ἑαυτοῦ, σώφρονα καὶ ἀγα-
θὴν γυναῖκα, ἣν οὐ πολλοῖς πρότερον ἐνιαυτοῖς ἀποθανεῖν. τραφεῖσαν
δὲ τὴν πάρθενον, ὡς ἐλευθέρᾳ καὶ ἀστῇ προςήκειν, ἁρμοσθῆ-
ναι κατὰ νόμον Ἰκιλίῳ καὶ τέλος ἂν ἐσχηκέναι τὸν γάμον, εἰ μὴ θᾶττον
ὁ πρὸς Αἰκανοὺς συνέστη πόλεμος. ἐν δὲ τοῖς μεταξὺ χρόνοις οὐκ ἐλατ-
τόνων πεντεκαίδεκα διεληλυθότων ἐτῶν οὐδὲν τοιοῦτον ἐπιχειρήσαντα πρὸς
αὐτοὺς εἰπεῖν Κλαύδιον, ἐπειδὴ γάμων ἡ παῖς ἔσχεν ὥραν καὶ διαφέρειν τὴν
ὄψιν δοκεῖ, ἐρῶντα ἥκειν ἀναίσχυντον συκοφάντημα πλάσαντα, οὐκ ἀπὸ τῆς
ἑαυτοῦ γνώμης, ἀλλὰ κατασκευασμένον ὑπ' ἀνδρὸς ἁπάσαις
οἰομένου δεῖν ταῖς ἐπιθυμίαις ἐκ παντὸς τρόπου χαρίζεσθαι.
τὴν μὲν οὖν δίκην αὐτὸν (ἔφη) τὸν πατέρα περὶ
τῆς θυγατρὸς ἀπολογήσεσθαι παραγενόμενον
ἀπὸ τῆς στρατιᾶς, τὴν δὲ τοῦ σώματος ἀντιποίησιν αὐτὸς ποιεῖσθαι, θεῖος ὢν τῆς κόρης,
καὶ τὰ δίκαια ὑπέχειν, οὐδὲν ἀξιῶν οὔτε ξένον, οὔτε ὃ μὴ καὶ
τοῖς ἄλλοις ἐπιδίδοται Ῥωμαίοις δίκαιον, εἰ μὴ καὶ πᾶσιν ἀνθρώποις, σώματος εἰς δουλείαν ἐξ ἐλευθερίας ἀγομένου μὴ
τὸν ἀφαιρούμενον τὴν ἐλευθερίαν, ἀλλὰ τὸν φυ-
λάττοντα κύριον εἶναι μέχρι τῆς δίκης. ἔφη τε διὰ
πολλὰς αἰτίας προςήκειν τῷ Ἀππίῳ φυλάττειν τοῦτο τὸ δί-
καιον· πρῶτον μὲν, ὅτι τὸν νόμον τοῦτον ἅμα τοῖς ἄλλοις ἐν
ταῖς δώδεκα δέλτοις ἀνέγραψεν, ἐπειδ', ὅτι τῆς δεκαρχίας ἡγεμών.
πρὸς δὲ τούτοις, ὅτι μετὰ τῆς ὑπατικῆς ἐξουσίας καὶ τὴν δημαρχίαν προςει-
λήφει, ἧς εἶναι κράτιστον ἔργον, τοῖς ἀσθένεσι καὶ ἐρήμοις τῶν πολιτῶν βοη-
θεῖν. ἠξίου τε τὴν καταπεφευγυῖαν ἐπ' αὐτὸν ἐλεῆσαι πάρθενον, μητρὸς μὲν
ὀρφανὴν οὖσαν ἔτι πάλαι, πατρὸς δ' ἔρημον ἐν τῷ τότε χρόνῳ, κινδυνεύουσ-
σαν οὐ χρημάτων ἀποστερηθῆναι προγονικῶν, ἀλλὰ καὶ ἀνδρὸς καὶ πατρί-
δος καὶ, ὃ πάντων μέγιστον εἶναι δοκεῖ τῶν ἀνθρωπίνων ἀγαθῶν, τῆς τοῦ
σώματος ἐλευθερίας. ἀνακλαυσάμενος δὲ τὴν ὕβριν, εἰς ἣν ἔμελλεν ἡ παῖς
παραδοθήσεσθαι, καὶ πολὺν ἐκ τῶν παρόντων κινήσας ἔλεον περὶ τοῦ
χρόνου τῆς δίκης ἔφη τελευτῶν· »Ἐπειδὴ τα-
χεῖαν αὐτῆς βούλεται γενέσθαι τὴν κρίσιν ὁ
Κλαύδιος ὁ μηδὲν ἠδικῆσθαι φάμενος ἐν τοῖς πεντεκαίδεκα
ἔτεσιν, ἕτερος μὲν ἄν τις ὑπὲρ τηλικούτων ἀγωνιζόμενος
δεινὰ πάσχειν ἔδοξε καὶ ἠγανάκτει κατὰ τὸ εἰκός, ὅταν εἰρήνη
γένηται καὶ πάντες ἔλθωσι οἱ νῦν ὄντες ἐπὶ στρατοπέδου, τότε
τὴν δίκην ἀξιῶν ἀπολογεῖσθαι, ὅτε καὶ μαρτύρων
εὐπορία καὶ φίλων καὶ δικαστῶν ἀμφοτέροις ἔσται τοῖς δι-

καζομένοις, πολιτικὰ καὶ μέτρια πράγματα προςφέρων καὶ τῇ Ῥωμαίων συνήθη πολιτείᾳ, ἡμεῖς δὲ, ἔφη, λόγων οὐδὲν δεόμεθα οὔτ᾽ εἰρήνης οὔτ᾽ ὄχλου φίλων καὶ δικαστῶν, οὔτ᾽ εἰς τοὺς δικασίμους χρόνους τὸ πρᾶγμα ἀναβαλλόμεθα, ἀλλὰ καὶ ἐν πολέμῳ καὶ ἐν σπάνει φίλων καὶ οὐκ ἐν ἴσοις δικασταῖς καὶ παραχρῆμα ὑπομένομεν ἀπολογεῖσθαι, τοσοῦτον αἰτησάμενοι παρὰ σοῦ χρόνον, Ἄππιε, ὅσος ἱκανός ἐστι τῷ πατρὶ τῆς κόρης ἀπὸ στρατοπέδου παραγενηθέντι τὰς ἰδίας ἀποδύρασθαι τύχας καὶ δι᾽ ἑαυτοῦ τὴν δίκην ἀπολογήσασθαι.« —

Claudius schließt also seine Anträge mit der Bitte, daß Appius ihn seinen Proceßgegnern nicht unterliegen lassen möge, worauf Numitorius alsogleich das Wort ergreift, und die von Claudius gemachte Anerbietung der vindicatio in libertatem sowie der Wahl zwischen der Regulirnng der eigentlichen vindiciae und der endgiltigen Entscheidung der Sache schon am heutigen Tage dahin beantwortet: Der Vater des Mädchens sei Verginius, welcher des Kriegsdienstes wegen abwesend sei, die Mutter sei seine verstorbene Schwester Numitoria gewesen, eine brave Frau; das Mädchen sei erzogen worden, wie es einer freien Römerin zukomme, sei mit Jcilius verlobt, und die Ehe würde schon stattgefunden haben, wenn nicht der Krieg gegen die Äquer ausgebrochen wäre. Während einer Zwischenzeit von 16 Jahren habe Claudius keinen derartigen Anspruch erhoben; jetzt erst, nachdem das Mädchen herangereift und durch Schönheit ausgezeichnet wäre, trete er mit erdichteten Rechtsansprüchen hervor, angetrieben von einem Manne, der seinen Leidenschaften auf jegliche Weise fröhnen zu müssen glaube. Im judicium nun werde der Vater selbst nach seiner Rückkehr seine Tochter vertreten (τὴν μὲν οὖν δίκην αὐτὸν τὸν πατέρα περὶ τῆς θυγατρὸς ἀπολογήσεσθαι παραγενόμενον ἀπὸ τῆς στρατιᾶς), die gesetzlich vorgeschriebene vindicatio in libertatem dagegen nehme er selbst jetzt vor, weil er der Oheim des Mädchens sei (Numitorius sagt nämlich nicht: τὴν δὲ τοῦ σώματος ἀντιποίησιν — αὐτὸς ποιήσεσθαι, sondern: τὴν δὲ τοῦ σώματος ἀντιποίησιν αὐτὸς ποιεῖσθαι.), wobei er nur ein allen Römern zustehendes Recht beanspruche, nämlich, daß die vindiciae secundum libertatem gegeben werden. Appius müsse den bezüglichen Rechtsgrundsatz um so mehr beobachten, weil er ihn selbst in die Zwölftafelgesetze aufgenommen hätte, weil er das Haupt der Decemvirn sei, weil er außer der consularischen Gewalt auch die tribunicische erhalten habe, deren wesentlichste Aufgabe eben darin bestehe, den Schwachen Hülfe zu leisten, endlich weil das verlassene Mädchen in der Gefahr, das Höchste

ju verlieren, ju ihm die Zuflucht nehme. So das dem Mädchen drohende
Unrecht weiter beklagend, gibt er bezüglich des Zeitpunktes der ihm ange-
botenen endgiltigen Entscheidung der Sache (περὶ τοῦ χρόνου τῆς δίκης)
folgende Erklärung ab:

»Wenn nun Claudius, welcher 15 Jahre lang von keinem Unrecht Erwähnung that, eine alsogleiche Endentscheidung der Sache beantragt (ἐπειδὴ
ταχεῖαν αὐτῆς [scil. δίκης] βούλεται γενέσθαι τὴν κρίσιν)
so würde jeder Andere, wenn er so Großes zu vertheidigen hätte, ein großes
Unglück zu erleiden glauben, und mit Recht Beschwerde führen, indem er
seine Sache erst dann zu vertheidigen verlangte, wenn nach dem Abschluß des
Friedens und nach der Rückkehr aller nun im Lager sich Befindenden beiden
Parteien eine hinreichende Menge von Zeugen, Freunden und Richtern zu
Gebote stände, — hiermit Forderungen stellend, welche ebenso der Ver-
faſſung eines freien Staates und der Billigkeit entsprechen, als in der Ver-
faſſung des römiſchen Staates begründet sind, — so nehmen doch wir weder
weitläufige Vertheidigungen, noch den Frieden, noch eine große Anzahl von
Freunden und Richtern für uns in Anspruch und verschieben die Sache nicht
auf die für das judicium geſetzlich bestimmten Tage (εἰς τοὺς δικασίμους
χρόνους), ſondern unterziehen uns alsogleich der Vertheidigung (καὶ παραχρῆμα ὑπομένομεν ἀπολογεῖσθαι) ſogar während des Krieges und des
Mangels an Freunden, ſo wie bei nicht gleich unbedenklichen Richtern (καὶ
οὐκ ἐν ἴσοις δικασταῖς), nur ſo viel Zeit von dir, Appius, erbittend, als
es für den Vater des Mädchens hinreicht, aus dem Lager hier einzu-
treffen, und ſo ſein Unglück zu beklagen und in eigener Perſon die Vertheidigung der Sache zu führen«.

Was Numitorius hier über Verginius, Numitoria, Verginia, Icilius
und Appius ſagt, iſt bei Livius c. 44 §§. 1—4 ausgeſprochen: Appium
Claudium virginis plebeiae stuprandae libidio cepit. pater virginis L.
Virginius honestum ordinem in Algido ducebat, vir exempli recti domi
militiaeque. perinde uxor instituta fuerat liberique instituebantur.
desponderat filiam L. Icilio tribunicio, viro acri et pro causa plebis
expertae virtutis. hanc virginem adultam forma excellentem Appius
amore ardens pretio ac spe perlicere adortus, postquam omnia pudore
saepta animadverterat, ad crudelem superbamque vim animum adver-
tit. Allein während Livius dieſe Bemerkungen der eigentlichen Erzählung
des Proceſſes vorausſchickt, legt ſie Dionyſius unpaſſender Weiſe dem
in jure ſprechenden Numitorius in den Mund; denn für ſolche Bemerkungen war nicht einmal bei der Vorverhandlung ein Platz, geſchweige

denn bei der eigentlichen Verhandlung in jure. Ebenso werden die Anträge, welche bei Livius die advocati in jure stellen, von Dhonisius dem
Numitorius in den Mund gelegt; wie nämlich jene dort unter Erwähnung der Abwesenheit des Vaters sich vorerst als vindices indirekt erbieten, für heute nur die Einleitung einer Vorverhandlung und nach ihrer
Beendigung direkt die vindiciae secundum libertatem verlangen, so erklärt Numitorius auch hier, daß er die vindicatio in libertatem vornehme, und verlangt für heute nur die vindiciae secundum libertatem;
ja sogar der Irrthum, welchen Livius dadurch begeht, daß er die advocati vom Gesetze des Appius sprechen läßt, zeigt sich bei Dionysius wieder, und zwar darum in einer noch unpassenderen Form, weil Numitorius hier in einer Weise spricht, als wenn er schon wüßte, wie Appius
die vermeintliche Besitzregulirung vornehmen werde, ungeachtet er ihn mit
der größten Bereitwilligkeit als vindex anerkannt, ja sogar auf seine
Ankunft gewartet hat. Was endlich die Verzichtleistung des Numitorius
auf das gesetzliche judicium, und auf den gesetzlichen Termin, welcher
zwischen der eigentlichen Verhandlung in jure und dem judicium lag, betrifft, so ist diese eine ganz unpassende Conjectur des Dionysius, zu
welcher er durch seinen Standpunkt genöthiget war, und welche unten erklärt werden wird.

c. 31. (p. 2237 §. 1—15): Τοιαῦτα τοῦ Νομιτορίου λέξαντος καὶ
τοῦ περιεστηκότος ὄχλου μεγάλῃ βοῇ διασημήναντος, ὡς δίκαια ἀξιοῖ, μικρὸν ἐπισχὼν χρόνον Ἄππος·

Ἐγὼ τὸν μὲν νόμον, εἶπεν, οὐκ ἀγνοῶ τὸν ὑπὲρ τῆς ἐγγυή-
σεως τῶν εἰς δουλείαν ἀγομένων κείμενον, ὃς οὐκ ἐᾷ παρὰ
τοῖς ἀφαιρουμένοις εἶναι τὸ σῶμα μέχρι δίκης, οὐδὲ
καταλύσαιμι ἂν, ὃν αὐτὸς ἔγραψα ἑκών, ἐκεῖνο μέντοι δίκαιον ἡγοῦμαι, δυοῖν ὄντων τῶν ἀντιποιουμένων,
κυρίου καὶ πατρός, εἰ μὲν ἀμφότεροι παρῆσαν,
τὸν πατέρα κρατεῖν τοῦ σώματος μέχρι δίκης,
ἐπεὶ δ' ἐκεῖνος ἄπεστι, τὸν κύριον ἀπαγαγεῖν
ἐγγυητὰς ἀξιόχρεως δόντα, καταστήσειν ἐπὶ
τὴν ἀρχήν, ὅταν ὁ πατὴρ αὐτῆς παραγένηται.
περὶ δὲ τῶν ἐγγυητῶν καὶ τοῦ τιμήματος καὶ
τοῦ μηδὲν ὑμᾶς ἐλαττωθῆναι περὶ τὴν δίκην
πολλὴν ποιήσομαι προνοίαν, ὦ Νομιτόριε. νῦν
δὲ παράδος τὴν κόρην.

Wie bei Livius, so erwähnt Appius auch bei Dionysius sein Gefeß über die vindiciae; allein dort spricht er sachgemäß nur von seiner Nichtanwendbarkeit, weil nach seiner Ansicht ein tauglicher vindex nicht vorhanden ist, folglich auch ein Vindicationsproceß nicht stattfinden kann; hier hingegen ist ein tauglicher vindex vorhanden, folglich mußten auch die Worte wegbleiben, welche bei Livius über die Unanwendbarkeit des bezüglichen Gesetzes vorkommen. Der weitere Inhalt des Dekretes ist von jenem, welches sich bei Livius findet, nur in wenigen Punkten abweichend; Appius sagt nämlich: »Mir ist das Gesetz über die vindiciae nicht unbekannt, welches nicht gestattet, daß der Besitz des Beanspruchten bis zur endgiltigen Entscheidung der Sache (μέχρι δίκης) dem assertor in servitutem zukomme, und ich möchte einem Gesetze, welches ich freiwillig beantragt habe, die Wirksamkeit auch nicht entziehen, allein ich erkenne es als eine rechtliche Forderung an, daß, wenn es zwei Vindicanten gäbe, nämlich den Herrn und den Vater, und Beide zugegen wären, der Vater bis zur endgiltigen Entscheidung der Sache den Besitz der Beanspruchten bekomme, daß hingegen, weil der Vater abwesend ist, der Herr das Mädchen nach Hause führe, nachdem er zuvor taugliche Bürgen gegeben, daß er dasselbe nach der Ankunft des Vaters vor den magistratus stellen werde. Was aber die Bürgen, die Bürgschaftssumme und euren Sieg in der definitiven Austragung der Sache betrifft, so werde ich darauf mein vorzüglichstes Augenmerk richten, Numitorius! Für jetzt aber liefere Du das Mädchen aus.«

Numitorius ist sowohl von Claudius als von Appius als tauglicher vindex anerkannt; sehen wir nun, wie das über die vermeintlichen vindiciae ergangene Dekret dazu paßt.

Dionysius fand bei seinem Gewährsmann den Ausdruck ducere oder abducere, übersetzt ihn richtig mit ἀπαγαγεῖν (τὸν κύριον ἀπαγαγεῖν) versteht aber die juristische Bedeutung desselben nicht, und hält es nur für ein physisches »mitnehmen«, »mitführen«, und da in seinen Quellen auch früher schon von der vindicatio und von vindiciae die Rede war, so faßt er seinem ganzen Standpunkte gemäß auch dieses Dekret nur als ein Dekret über vindiciae auf, nach welchem Appius, wie Schmidt treffend bemerkt (S. 89), die vindiciae secundum libertatem in vindiciae secundum patriam potestatem verwandelt. Nach dieser Auffassung des Dionysius, welcher auch Schmidt beistimmt, würde nämlich Appius zweierlei vindices unterscheiden, von denen die einen auf vindiciac secundum libertatem Anspruch hätten, die andern aber nicht; zu den ersteren würden die ihre Kinder vindicirenden Väter gehören, zu den letzteren alle andern vindices in den Fällen, in welchen der Beanspruchte sich noch in der väterlichen Gewalt befindet. Zur letzteren Gattung der vindices gehört natürlich auch Numitorius. Allein Dionysius verwickelt den Appius nicht bloß in diesen juristischen Wi.berfinn, sondern noch in einen viel schlimmeren. Appius sagt nämlich: Wenn es zwei Vindicanten geben würde, und beide gegenwärtig wären, dann würde der Vater die vindiciae bekommen. Da jedoch dieser abwesend sei, so stehe dem Claudius als dominus die ductio zu (τὸν κύριον ἀπαγαγεῖν); daraus folgt aber, daß im gegebenen Falle nur 1 Vindicant, nämlich der assertor in servitutem vorhanden ist, somit muß der andere Vindicant, nämlich der assertor in libertatem, oder der vindex, fehlen; wo aber kein vindex vorhanden ist, da gibt es auch keinen Vindicationsproceß. Wenn nun die ductio wegen Mangels eines vindex gutgeheißen wird, so wird der eben als vindex anerkannte Numitorius in Einem Athen wieder zurückgewiesen. Aber auch der Zusatz des Dekretes hat nur unter dieser Voraussetzung einen Sinn. Wenn nämlich Numitorius als vindex anerkannt, und darum ein Vindicationsproceß vorhanden ist, welchen Sinn hat dann die Verfügung, Claudius solle die Verginia dann vor den magistratus stellen (καταστήσειν ἐπὶ τὴν ἀρχὴν) wann ihr Vater angekommen sein wird (ὅταν ὁ πατὴρ-παραγένηται)? Was wird nun aus diesem vermeintlichen, schon im zweiten Stadium stehenden Vindicationsproceß, wenn der Krieger Verginius längere Zeit oder wohl gar nie mehr zurückgekehrt? Und doch ist die Absicht des Appius dahin gerichtet, daß Verginius sehr lange, vielleicht auch, daß er nie wiederkehre! Gesetzt aber auch, daß er heimkehrt, so hat doch Claudius die Verginia nicht mehr vor den magistratus, sondern vor das judicium zu stellen, weil, wie alsogleich näher gezeigt werden wird, der Proceß sich schon im 2. Stadium befindet. Endlich, wenn Numitorius als vindex anerkannt ist, was hat dann der magistratus mit dem Vater zu schaffen? Seine Anwesenheit ist nämlich zwar praktisch für den Numitorius wichtig, aber processualisch ist sie durchaus nicht nothwendig, weil der magistratus den vindex für alle Stadien des Processes anerkennen muß, und somit auf den Vater selbst in dem Falle keine Rücksicht zu nehmen braucht, wenn er die vindiciae secundum servitutem gesetzwidrig ertheilt. Denn die Wirkung einer solchen Besitzregulirung kann nicht darin bestehen, daß dann der Vater in den Proceß hineingezogen werden muß, sondern darin, daß dann nicht Numitorius dem Claudius, sondern Claudius dem Numitorius Bürgen zu stellen hat, daß Verginia in das judicium gebracht werden wird. Es

ift wohl kaum nöthig zu bemerken, daß das von Livius c. 45. §. 3 mitgetheilte Dekret über die Zurückweisung der vindices, die Gutheißung der
ductio der Verginia und die Sicherstellung des Klagrechtes des Vaters hier in
der widerfpruchsvollen Form eines Dekretes über vindiciae wieder erscheint.

Es fragt sich noch, welche Natur die eben erörterte Verhandlung
in jure hat; ungeachtet nämlich die Ausbrücke, welcher sich Claudius,
Numitorius und Appius hier bedienen, ziemlich klar auf die eigentliche
Verhandlung in jure hindeuten dürften, so ist Schmidt (p. 81--93) doch
der Meinung, daß man hier nur mit einer Vorverhandlung zu thun hat.
Es ist daher nöthig, auf die Anträge des Claudius, auf die ihm von
Numitorius gegebenen Antworten, und auf das Decret des Appius noch
einen vergleichenden Rückblick zu werfen.

Claudius stellt dem Numitorius die Alternative, heute entweder die
vindicatio vorzunehmen ($\dot{\varepsilon}\grave{\alpha}\nu$ δ' $\dot{\alpha}\nu\tau\iota\pi o\iota\tilde{\eta}\tau\alpha\acute{\iota}$ $\tau\iota\varsigma$), — für welchen Fall er sich
dann zur bekannten Bürgenstellung erbietet, — oder aber ein Endurtheil
ergehen zu lassen ($\varepsilon\grave{\iota}$ $\delta\grave{\varepsilon}$ $\tau\alpha\chi\varepsilon\tilde{\iota}\alpha\nu$ $\beta o\acute{\nu}\lambda\varepsilon\tau\alpha\acute{\iota}$ $\tau\iota\varsigma$ $\gamma\varepsilon\nu\acute{\varepsilon}\sigma\vartheta\alpha\iota$ $\delta\iota\acute{\alpha}\gamma\nu\omega\sigma\iota\nu$), wo
er dann seine Sache alsogleich zu vertreten sich bereit erklärt ($\dot{\varepsilon}\tau o\iota\mu o\varsigma$ $\dot{\varepsilon}\pi\grave{\iota}$
$\sigma o\nu$ $\lambda\acute{\varepsilon}\gamma\varepsilon\iota\nu$ $\tau\grave{\eta}\nu$ $\delta\acute{\iota}x\eta\nu$ $\alpha\dot{\nu}\tau\acute{\iota}x\alpha$ $\mu\acute{\alpha}\lambda\alpha$). Das $\dot{\alpha}\nu\tau\iota\pi o\iota\varepsilon\tilde{\iota}\sigma\vartheta\alpha\iota$ (vindicare), die
$\delta\iota\acute{\alpha}\gamma\nu\omega\sigma\iota\varsigma$ (sentententia), das $\lambda\acute{\varepsilon}\gamma\varepsilon\iota\nu$ $\tau\grave{\eta}\nu$ $\delta\acute{\iota}x\eta\nu$ (causam perorare) gehören ge-
wiß nicht in den Bereich einer Vorverhandlung. Daher kann sich auch die Ant-
wort des Numitorius auf keine Vorverhandlung beziehen, und daß sie sich
wirklich nicht bezieht, zeigt die Beschaffenheit derselben. Er lehnt nämlich den
Antrag auf die alsogleiche definitive Austragung der Sache ab ($\dot{\varepsilon}\pi\varepsilon\iota\delta\grave{\eta}$ $\tau\alpha\chi\varepsilon\tilde{\iota}\alpha\nu$
[scil. $\delta\acute{\iota}x\eta\varsigma$] $\beta o\acute{\nu}\lambda\varepsilon\tau\alpha\iota$ $\gamma\varepsilon\nu\acute{\varepsilon}\sigma\vartheta\alpha\iota$ $\tau\grave{\eta}\nu$ $x\rho\acute{\iota}\sigma\iota\nu$ $\acute{o}$ $K\lambda\alpha\acute{\nu}\delta\iota o\varsigma$),behält die Vertheidigung der Verginia in der Schlußverhandlung dem Vater vor ($\tau\grave{\eta}\nu$ $\mu\grave{\varepsilon}\nu$ $o\ddot{\nu}\nu$
$\delta\acute{\iota}x\eta\nu$ $\alpha\dot{\nu}\tau\grave{o}\nu$ $\pi\alpha\tau\acute{\varepsilon}\rho\alpha$ $\pi\varepsilon\rho\grave{\iota}$ $\tau\tilde{\eta}\varsigma$ $\vartheta\nu\gamma\alpha\tau\rho\grave{o}\varsigma$ $\dot{\alpha}\pi o\lambda o\gamma\acute{\eta}\sigma\varepsilon\sigma\vartheta\alpha\iota$), erklärt aber, daß
er die vindicatio selbst vornehme ($\tau\grave{\eta}\nu$ $\tau o\tilde{\nu}$ $\sigma\acute{\omega}\mu\alpha\tau o\varsigma$ $\dot{\alpha}\nu\tau\iota\pi o\acute{\iota}\eta\sigma\iota\nu$ $\alpha\dot{\nu}\tau\grave{o}\varsigma$
$\pi o\iota\varepsilon\tilde{\iota}\sigma\vartheta\alpha\iota$). Die $x\rho\acute{\iota}\sigma\iota\varsigma$, das $\delta\acute{\iota}x\eta\nu$ $\dot{\alpha}\pi o\lambda o\gamma\acute{\eta}\sigma\varepsilon\sigma\vartheta\alpha\iota$ kann sich nur auf
eine Schlußverhandlung beziehen, und nach dem Berichte des Dionysius
tritt der Vater wirklich nur in einer Schlußverhandlung auf, welche mit
der bekannten Definitivsentenz des Appius endiget. Wenn also morgen
schon die Schlußverhandlung stattfinden soll, so kann die heutige Verhandlung nicht als Vorverhandlung aufgefaßt werden. Zudem sagt Numi-
torius, daß er die $\dot{\alpha}\nu\tau\iota\pi o\acute{\iota}\eta\sigma\iota\varsigma$ selbst vornehme, was ebenfalls gegen eine
Vorverhandlung streitet. Die hier vertheidigte Ansicht bestätigt aber auch
das Dekret des Appius. Dieser sagt nämlich, daß ihm das Gesetz nicht unbekannt sei, welches nicht gestatte, daß der Besitz des Beanspruchten, bis
zur endgiltigen Entscheidung der Sache ($\mu\acute{\varepsilon}\chi\rho\iota$ $\tau\tilde{\eta}\varsigma$ $\delta\acute{\iota}x\eta\varsigma$)

dem assertor in servitutem zukomme; er erklärt, daß der Vater, wenn *er* gegenwärtig wäre, diesen Zwischenbesitz bekäme (τὸν πατέρα κρατεῖν τοῦ σώματος μέχρι δίκης), und tröstet die Vertheidiger der Verginia damit, daß er ihren Sieg in der definitiven Austragung der Sache (μηδὲν ὑμᾶς ἐλαττωθῆναι περὶ τὴν δίκην) auf jegliche Weise unter- stützen werde.

Die Verhandlung, welche bisher erörtert wurde, ist also die eigent- liche Verhandlung, in jure; sehen wir nun, ob sie den proceſſua- liſchen Anforderungen entspricht. Die Nothwendigkeit der Vorverhand- lung im Vindicationsprocesse wurde schon oben dargelegt; davon also abgesehen, daß Dionyſius ein nothwendiges Stadium dieses Procef- ses gar nicht kennt, entspricht seine Darstellung auch des zweiten Proceßstadiums durchaus nicht den prozeſſualiſchen Vorschriften. Es werden nämlich nach seinem Berichte die legis actio und das sacra- mentum nicht bloß nicht erwähnt, sondern nach seiner Darstellung können sie nicht einmal stillschweigend verstanden werden. Denn Clau- dius bietet dem eben angekommenen Numitorius die vindicatio an, und Numitorius acceptirt sie, sagt sogar in seinem Vortrage, daß er sie vornehme, allein thatsächlich nimmt sie weder er noch Clau- dius vor, weil die Reden so rasch auf einander folgen, daß zu ihrer Vorname keine Zeit übrig bleibt. Denn kaum hatte Claudius seinen Vor- trag beendet, als schon Numitorius das Wort ergriff, und kaum ist die- ser fertig, als schon auch Appius sein Dekret über die vindiciae er- gehen läßt.

Ebenso klar ist es, daß Alles, was hier Claudins und Numito- rius vorbringen, dem zweiten Stadium des Processes widerspricht, in welchem von Beweismitteln, von Zeugen ebenso wenig die Rede sein kann, als von einer beliebigen Besitzregulirung durch den ma- gistratus.

Was Livius weiter von dem Unwillen des Volkes über dieses Dekret des Appius erzählt (c. 45 §. 4), das gibt auch Dionyſius hier wieder, und wie dort Icilius erst nach diesem Dekrete thätig auftritt, so greift er auch hier erst nach demselben thätig ein, zeigt sich nur als Bräuti- gam, und ergeht sich in den nämlichen Betheuerungen, Drohungen und Vorwürfen gegen Appius; hier wie dort greifen die Lictoren ein. In Einem Punkte jedoch vervollständigt der ausführlichere Bericht des Dionyſius die kurze Darstellung des Livius; ungeachtet nämlich Dionyſius die im Dekrete des Appius ausgesprochene ductio der Verginia nicht erkannt hat,

so gibt er doch seine Quellen hier getreu wieder, wenn er den Jcilius das Gesetz über die vindiciae erwähnen und die
Durchführung der ductio verhindern läßt; er berichtet
nämlich:

c. 31· (p. 2238, §. 1—5): *Τοῦτο τὸ τέλος ἐξενεγκόντος Ἀππίου*
πολὺς μὲν ὀδυρμὸς ὑπὸ τῆς παρθένου καὶ τῶν γυναικῶν ἐγένετο καὶ κα-
πετός, πολλὴ δὲ κραυγὴ καὶ ἀγανάκτησις ἐκ τοῦ περιεστηκότος ὄχλου τὸ
βῆμα. ὁ δὲ μέλλων ἄγεσθαι τὴν κόρην Ἰκίλιος ἐμφύεται αὐτῆς καί φησιν·
»Οὐκ ἐμοῦ γε ζῶντος, Ἄππιε, ταύτην ἀπάξεταί τις. ἀλλ᾽ εἴ σοι
δέδοκται τὸν νόμον καταλύειν, τὰ δὲ δίκαια συγχέειν καὶ τὴν ἐλευθε-
ρίαν ἡμῶν ἀφαιρεῖσθαι, μήκετι τὴν ὀνειδιζομένην ὑμῖν ἀρνοῦ τυραννίδα,
ἀλλὰ τὸν ἐμὸν ἀποκόψας τράχηλον ταύτην ἀπάγαγεῖν (κέλευε)«, — —.

Wie ferners Appius bei Livius in Folge dieses entschlossenen Auftretens des Jcilius und des Unwillens des Volkes sich in gewisser Beziehung nachgiebig zeigt, so handelt er auch bei Dionysius, welcher in
seiner Erzählung so fortfährt:

c. 32 (p. 2239, §. 15, p. 2240, §. 1—10): *Ἔπειτα τὸν Κλαύδιον*
καλέσας ἐπὶ τὸ βῆμα καὶ μικρὰ διαλεχθεὶς πρὸς αὐτὸν, ὡς ἐδόκει, τοῖς
τε περιεστῶσι διασημήνας ἡσυχίαν παρασχεῖν, λέγει τοιάδε·
»Ἐγὼ τὸ μὲν ἀκριβὲς, ὦ δημόται περὶ τῆς διεγγυήσεως
τοῦ σώματος, ἐπειδὴ τραχυνομένους ὑμᾶς πρὸς τὴν ἀπόφασιν ὁρῶ, πα-
ρίημι· χαρίζεσθαι δ᾽ ὑμῖν βουλόμενος πέπεικα τὸν ἐμαυτοῦ
πελάτην, ἐᾶσαι μὲν τοῖς συγγένεσι τῆς παρθένου δοῦναι
διεγγύησιν, ἕως ὁ πατὴρ αὐτῆς παραγένηται. ἀπάγεσθε οὖν,
ὦ Νομτόριε, τὴν κόρην καὶ τὴν ἐγγύην ὁμολογεῖτε περὶ αὐτῆς
εἰς τὴν αὔριον ἡμέραν. ἀπόχρη γὰρ ὑμῖν ὁ χρόνος οὗτος ἀπαγγεῖ-
λαί τε Οὐεργινίῳ τήμερον, καὶ τριῶν ἢ τεττάρων ὡρῶν αὔριον ἐκ τοῦ
χάρακος δεῦρο ἀγαγεῖν.«

Vorerst sind einige Ausdrücke in dieser Verfügung des Appius zu
erklären. Die Worte: *τὸ ἀκριβὲς περὶ τῆς διεγγυήσεως τοῦ σώματος* bedeuten nicht »rigidum corporis vadandi jus,« wie es Reiske übersetzt,
sondern *τὸ ἀκριβὲς* bezeichnet nur das strenge Recht, welches Appius in strenger Handhabung des bezüglichen Gesetzes über die vindiciae gesprochen: vgl. Krüger zu Thuc. V.˙90. Das *ἀκριβὲς* liegt also
nicht im Gesetze über die vindiciae, sondern in der *πρόφασις* des Appius. Ebenso wenig braucht man, wie Schmidt meint (S. 90. Anmerk.
21), vor *παρίημι* eine Negation einzuschieben, »damit eine vollkommene
Uebereinstimmung mit Livius herauskomme.« Denn *παρά* hat den Be-

griff der »Seite« (παρά τινος: von Seite Jemandens; παρά τινι: Jemanden zur Seite; παρά τινα: an oder zu Jemandens Seite hin); so daß παριέναι »bei Seite laſſen« = praetermittere, bedeutet. Folglich stimmt auch dieſe Stelle mit der bezüglichen des Livius (c. 46, §§. 3, 7, 8) vollkommen überein.

Appius ruft alſo den Claudius zu ſich, verſtändigt ſich mit ihm, und erklärt dem Volke:

»Da ich euch gegen meinen Spruch aufgebracht ſehe, ſo laſſe ich das ſtrenge Recht bezüglich der vindiciae bei Seite; vom Wunſche beſeelt, mich euch gefällig zu zeigen, habe ich meinen Clienten beredet, den Verwandten des Mädchens den Beſitz gegen Bürgenſtellung zu belaſſen, bis der Vater angekommen ſein wird. Nehmet nun, o Numitorius, das Mädchen mit euch, und leiſtet in Bezug auf daſſelbe Bürgſchaft bis auf den morgigen Tag. Denn dieſe Zeit genügt euch, heute den Verginius zu benachrichtigen, und ihn morgen in 3 oder 4 Stunden aus dem Lager hieher zu bringen.«

Ungeachtet Dionyſius in der Sache das Nämliche erzählt als Livius, ſo hat bei ihm doch das Ganze einen anderen Sinn. Denn bei Livius bleibt Claudius ſeiner Conceſſion ungeachtet noch immer Eigenthümer und juriſtiſcher Beſitzer der Sclavin, hier aber hat ſeine Nachgiebigkeit das Aufgeben ſeines Rechtes auf den Beſitz zur Folge, welcher ihm durch das frühere Dekret über die vermeintlichen vindiciae gegeben worden war. Nach Dyoniſius macht alſo Appius das durch das frühere Dekret begangene Unrecht durch dieſe neue Wendung der Sache wieder gut, und zeigt damit eine Schwäche und eine Inconſequenz, die ihm am allerwenigſten zugemuthet werden kann. Somit hat bei Livius auch die Bürgenſtellung von Seite der Anverwandten nicht den nämlichen Sinn als bei Dionyſius; hier bezieht ſie ſich nämlich auf die auf den nächſten Tag anberaumte Schlußverhandlung im Vindicationsproceſſe, dort auf die am nämlichen Tage zu verwirklichende ductio. Gegen dieſe Darſtellung der Sache von Seite des Dionyſius machen ſich aber noch gewichtigere Bedenken geltend. Denn einerſeits iſt, wie ſchon oben bemerkt wurde, die Anweſenheit des Vaters in der Schlußverhandlung proceſſualiſch nicht nothwendig, andererſeits verſtößt die von Appius ausgegangene eigenmächtige Anberaumung des judicium ſchon auf den morgigen Tag geradezu gegen die Normen des Vindicationsproceſſes, bei welchem die Schlußverhandlung in judicio nicht willkürlich vom Prätor anberaumt werden konnte, und frühestens erſt am 3. Tage nach der eigentlichen Verhandlung in jure stattfand. ⁶⁶) Dieses Verfahren des Appius legt aber dem Verginius auch eine praktische Unmöglichkeit auf, weil Letzterer am nächsten Tage mit den nothwendigen Behelfen noch nicht so versehen sein kann, um sein Recht auch nur einigermaßen wirksam ver= theidigen zu können.

Nach dieser Regelung der Sache läßt auch Dionysius den Appius sich vom Richterstuhl erheben, und, nachdem er nach Hause gekommen war, an den Befehlshaber im Lager ein Schreiben richten, mit dem Er= suchen, dem Verginius die Abreise unmöglich zu machen, und ihn einer strengen Bewachung zu unterziehen (c. 33). Dieses Schreiben hat auch nach dem Berichte des Dionysius das Schicksal, welches Livius meldet, und auch die Gegenbestrebungen der Verwandten haben den gleichen Er= folg; z. vgl. Dionysius c. 33 mit Livius c. 46, §§. 5, 6, 10. Die Motive dieser Machination des Appius sind dagegen nach der verschie= denen Auffassung dieses Processes von Seite der beiden Hauptberichter= statter verschieden; denn Dionysius erzählt:

c. 33 (p. 2240, §. 15, p. 2241, §. 1—10): Ὡς δ' ἀπῆλθεν ἐκ τῆς ἀγορᾶς ἀδημονῶν καὶ μαινόμενος ὑπὸ τοῦ πάθους ἔγνω μήκετι μεθέσθαι τῆς παρθένου τοῖς συγγένεσιν, ἀλλ' ὅταν ἐπὶ τὴν ἐγγύην προαχθῇ, μετὰ βίας αὐτὴν ἀπάγειν, ἑαυτῷ τε πλείονα φυλακὴν περιστησάμενος, ὡς μηδὲν ὑπὸ τῶν ὄχλων βιασθείη, καὶ τὰ πέριξ τοῦ βήματος ἑταίρων τε καὶ πελατῶν προκαταλαβών. ἵνα δὲ σὺν εὐσχή μονι δίκη τοῦτο πράττῃ, προφάσει μὲν μὴ παραγενηθέν τος ἐπὶ τὴν ἐγγύην τοῦ πατρὸς, ἐπιστολὰς δοὺς πιστοτάτοις ἱππεῦ σιν ἔπεμψεν ἐπὶ τὸν χάρακα πρὸς Ἀντώνιον, — —.

Nach der Darstellung des Dionysius will also Appius den Vater der Verginia wegen seines Nichterscheinens in judicio sachfällig machen (vgl. Puchta Instit. II. S. 97), nach Livius dagegen will er die An= kunft des Vaters verhindern, um die Einleitung eines Vindicationspro= cesses entweder für immer oder auf eine längere Zeit unmöglich zu ma= chen, indessen aber seinem bereits zum Eigenthümer der Verginia gewor= denen Clienten durch die Realisirung der ductio auch den physischen Be= sitz der Sclavin zu verschaffen.

Mit dieser Darstellung der Sache verwickelt sich jedoch Dionysius in neue Widersprüche: da nämlich Appius den Numitorius als einen

---

⁶⁶) Rein, Privatrecht, S. 898; Keller, Civilproceß, S. 56; Rudorff, R. G. II. S. 78.

tauglichen vindex anerkannt, und nur den interimistischen Besitz wegen der Abwesenheit des Vaters anfänglich anders geregelt hatte, so kann die Abwesenheit des Vaters auf die Definitiv-Sentenz aus processualischen Gründen keinen Einfluß äußern. Denn nicht der Vater, sondern Numitorius hatte die praedes litis et vindiciarum gegeben; dieser ist zum Processe legitimirt und gegenwärtig, folglich kann von einer Sachfälligkeit aus dem Grunde der Abwesenheit des Vaters nimmermehr die Rede sein; kurz, Dionysius mag die Sache wie immer drehen, immer gelangt er dazu, den Numitorius zugleich als anerkannten und zurückgewiesenen vindex hinzustellen.

Verginius verläßt auch nach dem Berichte des Dionysius frühzeitig das Lager, und trifft schon am nächsten Morgen in Rom ein (z. vgl. Dionys. sius c. 33 mit Livius c. 46, §. 10; c. 47. §. 1); ebenso läßt Appius auch bei Dionysius am Tage des vermeintlichen judicium es an Sicherheits- und Executiv-Organen nicht fehlen (z. vgl. Dionys. c. 33 mit Livius c. 46, §. 4.), setzt sich auf seine sella curulis und läßt die Parteien vortreten, so daß er den magistratus und judex in einer Person vereiniget. Nachdem die Parteien vorgetreten waren, begann Claudius zuerst seinen Vortrag, über welchen Dionysius nur folgendes berichtet:

c. 33 (p. 2242, §. 10 u. 15, p. 2243, §. 1): Προσελθόντων δ' αὐτῶν ὁ μὲν Κλαύδιος τοὺς αὐτοὺς πάλιν διεξελθὼν λόγους ἠξίου τὸν Ἄππιον γενέσθαι δικαστὴν τοῦ πράματος, μηδεμίαν ἀναβολὴν ποιησάμενος, τότε μηνυτὴν παρεῖναι λέγων καὶ τοὺς μάρτυρας καὶ τὴν θεράπαιναν αὐτὴν παραδούς· ἐφ' οἷς πολὺς ὁ προςποιητὸς σχετλιασμὸς ἦν, εἰ μὴ τεύξεται τῶν ἴσων τοῖς ἄλλοις, ὡς πρότερον, ὅτι πελάτης ἦν αὐτοῦ· καὶ παράκλησις, ἵνα μὴ τοῖς ἐλεινότερα λέγουσιν, ἀλλὰ τοῖς δικαιότερα ἀξιοῦσι βοηθοῖ.

Das hier Berichtete ist in mehrfacher Beziehung wichtig; vorerst deßhalb, weil diese Schilderung des Auftretens des Claudius in dieser Verhandlung nur eine wortreichere Darstellung dessen ist, was Livius kurz andeutet, wenn er sagt: et ultro querente pauca petitore, quod jus sibi pridie per ambitionem dictum non esset, dann, weil man daraus ersieht, warum Dionysius den Appius auch zum judex gemacht hat, und endlich, weil dadurch die oben vertheidigte Ansicht bestätiget wird, daß die hier erzählte Verhandlung kein judicium, sondern nur eine Vorverhandlung im eingeleiteten Vindicationsprocesse ist. Was nun den zweiten Punkt betrifft, so war dem Dionysius die Trennung der richterlichen und der Magistrats-Gewalt sicherlich bekannt, allein es ha-

ben ihn sowohl seine ganze Auffassung dieses Processes, als einzelne
nicht präcis gewählte Ausdrücke und das Schweigen bezüglich der geset-
lichen judices in seinen Quellen dazu gedrängt, den Appius in dieser
Rechtssache auch zum judex zu machen. Ein solcher juristisch nicht präcis gewählter Ausdruck findet sich z. B. bei Livius c. 44. §. 9: notam
judici fabulam petitor — peragit, wo der Ausdruck judex nicht in
seiner eigentlichen Bedeutung gebraucht und statt »magistratus« gesetzt
ist. Ebenso spricht auch der später lebende Aurelius Victor in der oben
mitgetheilten Stelle nur vom judex und judicium. Das Nicht=Vorkommen
der gesetzlichen judices in diesem vermeintlichen judicium kann sich nun
Dionysius nicht anders erklären, als durch eine freiwillige Uebereinkunft
der Parteien, den Appius zugleich als judex wählen zu wollen, und
läßt sie demnach sich in diesem Sinne aussprechen. So sagte Claudius
schon am gestrigen Tage (c. 29): ἕτοιμος ἐπί σου (scil. Ἀππίου) λέγειν
τὴν δίκην αὐτίκα μάλα, und heute verlangt er ihn geradezu als Richter:
ἠξίου τόν Ἄππιον γενέσθαι δικαστὴν τοῦ πράγματος. Darum mußte
oben (c. 30) auch Numitorius auf die gesetzlichen judices verzichten
ἡμεῖς δ᾽ — οὐδὲν δεόμεθα — οὔτ᾽ ὄχλον φίλων οὔτε δικαστῶν, — —.
Was endlich den letzten Punkt anbelangt, so ist gerade der Umstand, daß
Dionysius hier über den Vortrag des Claudius nichts Neues zu sagen
weiß, ein Beleg dafür, daß auch die Quellen sachgemäß nichts weiteres
enthielten, als die kurze Angabe des genus actionis, und der Beweismittel von Seite des Claudius; kurz, Dionysius berührt hier lediglich
nur dasjenige, was oben als zur Vorverhandlung gehörig dargethan
wurde; deßhalb erwähnt er auch das Zeugenverhör mit keiner
Sylbe, wiewohl er ein judicium zu erzählen meint, und die Erklärungen
der Parteien und des magistratus folgen auch hier so rasch auf einander,
daß ein Zeugenverhör hier ebenso wenig stillschweigend verstanden werden
kann, als oben bei der Erzählung der ersten Verhandlung die Vorname
der legis actio stillschweigend gedacht werden konnte. Denn kaum hat
Claudius seinen Vortrag beendet, so ergreift schon auch der Vater mit
den Anverwandten das Wort und spricht sich auf folgende Weise aus:

c. 34: Ὁ δὲ τῆς κόρης πατήρ, καὶ οἱ λοιποὶ συγγενεῖς, ἀπελο-
γοῦντο περὶ τῆς ὑποβολῆς, πολλὰ καὶ δίκαια καὶ ἀληθῆ λέγοντες, ὡς
οὔτ᾽ αἰτίαν οὐδεμίαν εἶχεν ὑποβολῆς εὔλογον ἡ Νομιτορίου μὲν ἀδελφή,
Οὐεργινίου δὲ γυνή, παρθένος γαμηθεῖσα νέῳ ἀνδρί, καὶ οὐ μετὰ πολλοὺς τοῦ γάμου τεκοῦσα χρόνους· οὔτ᾽ εἰ μάλιστα ἐβούλετο γένος ἀλλό-
τριον εἰς τὸν ἴδιον οἶκον εἰσαγαγεῖν, δούλης ἀλλοτρίας ἂν ἐλάμβανε παι-

δίον μᾶλλον, ἤ οὐ γυναικὸς ἐλευθέρας κατὰ γένος, ἤ φιλίαν, αὐτῇ προσηκούσης, παρ' ἧς πιστῶς τε ἅμα καὶ βεβαίως ἕξει τὸ ληφθέν· ἐξουσίαν τ' ἔχουσαν, ὁποῖον ἐβούλετο λαβεῖν, ἄῤῥεν ἑλέσθαι παιδίον μᾶλλον, ἤ θῆλυ. τεκοῦσαν μὲν γὰρ, ἀνάγκη τῶν τέκνων δεομένην, στέργειν, ὅ τι ἂν ἡ φύσις ἐξενέγκῃ· ὑποβαλομένην δὲ τὸ κρεῖττον ἀντὶ τοῦ χείρονος εἰκὸς εἶναι λαβεῖν. πρός τε τὸν μηνυτήν, καὶ τοὺς μάτυρας, οὓς ὁ Κλαύδιος ἔφη πολλοὺς καὶ ἀξιοχρέους παρέξεσθαι, τὸν ἐκ τῶν εἰκότων παρείχοντο λόγον, ὡς οὐκ ἄν ποτε ἡ Νομιτορία πρᾶγμα σιγῆς δεόμενον, καὶ δι' ἑνὸς ὑπηρετηθῆναι προσώπου δυνάμενον, φανερῶς ἔπραττε, καὶ μετὰ μαρτύρων ἐλευθέρων, ἵν' ἐκτραφεῖσαν τὴν κόρην ὑπὸ τῶν κυρίων τῆς μητρὸς ἀφαιρεθείη. τόν τε χρόνον οὐ μικρὸν ἔλεγον εἶναι τεκμήριον τοῦ μηδὲν ὑγιὲς λέγειν τὸν κατήγορον· οὔτε γὰρ ἂν τὸν μηνυτήν, οὔτε τοὺς μάτυρας κατασχεῖν ἐν πεντεκαίδεκα ἔτεσιν ἀπόῤῥητον ὑποβολήν, ἀλλ' ἔτι πρότερον εἰπεῖν. διαβαλόντες δὲ τὰς τῶν κατηγόρων πίστεις, ὡς οὔτ' ἀληθεῖς, οὔτε πιθανὰς, ἀντιπαρεξετάζειν ταύταις ἠξίουν τὰς ἑαυτῶν, πολλὰς καὶ οὐκ ἀσήμους γυναῖκας ὀνομάζοντες, ἃς ἔφασαν εἰδέναι Νομιτορίαν ἐγκύμονα γενομένην, ἐκ τοῦ περὶ τὴν γαστέρα ὄγκου. χωρὶς δὲ τούτων, τὰς ἐπὶ τοῦ τόκου καὶ τῆς λοχείας παραγενομένας, διὰ τὸ συγγενὲς, καὶ τικτόμενον τὸ παιδίον ἰδούσας ἐπεδείκνυντο, καὶ ἀνακρίνειν ἠξίουν. ὃ δὲ πάντων τεκμήριον ἦν περιφανέστατον, ἔκ τε τῶν ἀνδρῶν πολλῶν καὶ γυναικῶν μαρτυρούμενον, οὐ μόνον ἐλευθέρων, ἀλλά μαὶ δούλων, τοῦτ' ἔλεγον τελευτῶντες, ὅτι τῷ γάλακτι τῆς μητρὸς ἐτράφη τὸ παιδίον. ἀμήχανον δ' εἶναι, γάλακτος πληρωθῆναι μαστοὺς γυναικὶ μὴ τεκούσῃ.

c. 35 : Ταῦτά τε καὶ πολλὰ τούτοις ὅμοια παρεχομένων αὐτῶν ἰσχυρὰ καὶ οὐδένα λόγον ἐναντίον δέξασθαι δυνάμενα, καὶ πολὺν ἐν ταῖς συμφοραῖς τῆς κόρης ἔλεον καταχεομένων, οἱ μὲν ἄλλοι πάντες, ὅσοι συνήκουον τῶν λόγων, τῆς τε μορφῆς οἶκτον ἐλάμβανον, ὁπότ' εἰς τὴν παρθένον ἴδοιεν· καὶ γὰρ ἐν ἐσθῆτι οὖσα πιναρᾷ, καὶ κατηφὲς ὁρῶσα, καὶ τὸ καλὸν τῶν ὀμμάτων ἐκτήκουσα, τὰς ἁπάντων ἥρπαζεν ὄψεις· οὕτως ὑπεράνθρωπός τις ὥρα περὶ αὐτὴν καὶ χάρις ἦν· καὶ τὸ τῆς τύχης ἀνεκλαίοντο παράλογον, εἰς οἵας ὕβρεις καὶ προπηλακισμοὺς ἐλεύσοιτο, ἐξ οἵων ἀγαθῶν. εἰσῄει τ' αὐτοὺς λογισμὸς, ὅτι τοῦ περὶ τῆς ἐλευθερίας νόμου καταλυθέντος, οὐδὲν ἔσται τὸ κωλύον καὶ τὰς αὐτῶν γυναῖκας καὶ θυγατέρας τὰ αὐτὰ ἐκείνῃ παθεῖν. ταῦτά τε δὴ καὶ πολλὰ τούτοις ὅμοια ἐπιλογιζόμενοι, καὶ πρὸς ἀλλήλους διαλαλοῦντες, ἔκλαιον. ὁ δ' Ἄππιος, οἷα δὴ φύσιν τ' οὐ φρενήρης ἀνήρ, καὶ ὑπὸ μεγέθους ἐξουσίας διεφθαρμένος, οἰδῶν τε τὴν ψυχὴν, καὶ ζέων τὰ σπλάγχνα διὰ τὸν ἔρωτα τῆς παιδὸς, οὔτε τοῖς λόγοις τῶν ἀπολογουμένων προσεῖχεν, οὔτε τοῖς δάκρυσιν αὐτῆς ἐπεκλᾶτο τήν τε συμπάθειαν τῶν παρόντων δι' ὀργῆς ἐλάμβανεν, ὡς αὐτὸς δὴ πλείονος ἄξιος ὢν ἐλέου, καὶ δεινότερα ὑπὸ τῆς δεδουλωμένης αὐτὸν εὐμορφίας πεπονθώς. διὰ δὴ ταῦτα οἰστρῶν, λόγον τε ὑπέμεινεν εἰπεῖν ἀναίσχυντον, ἐξ οὗ καταφανὴς ἐγένετο τοῖς ὑπονοοῦσιν, ὅτι τὸ συκοφάντημα κατὰ τῆς κόρης αὐτὸς ἔπλασε, καὶ τὸ ἔργον ἐτόλμησε τυραννικὸν πρᾶξαι καὶ ὠμόν.

Was hier die Gegner des Claudius vorbringen, ist im Wesentli= chen nur eine Erweiterung dessen, was Numitorius schon oben gegen die Stichhältigkeit des von Claudius angegebenen Rechtsgrundes der ductio angeführt hat, deßungeachtet aber ist es für das Verständniß des Pro= cesses von großer Bedeutung, weil man daraus ersieht, wovon die Quel= len bei der Darlegung der ersten und der zweiten Verhandlung sprachen. Es ist oben bemerkt, daß Dionysius den Numitorius an die Stelle der advocati bei Livius setzt, und ihn sich im nämlichen Sinne aussprechen läßt. Wie es nun anzunehmen ist, daß nach einigen Quellen auch die advocati gegen den Rechtsgrund der ductio Bemerkungen gemacht haben werden, welche dann Dionysius dem Numitorius in den Mund gelegt hat, so muß auch der angekommene Vater als anerkannter vindex in der Vorverhandlung des eingeleiteten Vindi= cationsprocesses den Rechtsgrund der ductio bekämpft haben, um seine Tochter als eine bisher freie Person darzustellen, und für die Besitzregulirung den status quo in einem Sinne zu interpretiren, welcher die vindiciae secundum liber- tatem zur Folge hätte. Daß dies wirklich der Fall war, und daß Dionysius, aller Widersprüche ungeachtet, Wahres erzählt, ist schon oben bei der Erklärung des Livianischen Berichtes über diese letzte Ver- handlung gezeigt worden. Demgemäß läßt Dionysius auch die Zeugen des Vaters unvernommen; denn er sagt ausdrücklich, daß Appius den Vater und die Anverwandten in ihren Darlegungen unterbrochen habe, um alsogleich sein Dekret ergehen zu lassen. Dionysius erzählt nämlich:

c. 36. Ἔτι γὰρ αὐτῶν λεγόντων, ἡσυχίαν γενέσθαι κελεύσας, ἐπειδὴ σιωπή τ' ἐγένετο, καὶ πᾶς ὁ κατὰ τὴν ἀγορὰν ὄχλος τὴν ὁρμὴν ἐλάμβα- νεν, ἐπιθυμίᾳ γνώσεως τῶν ὑπ' αὐτοῦ λεχθησομένων προαχθεὶς πολλάκις ἐπιστέψας τὸ πρόσωπον τῇδε κἀκεῖσε, καὶ τὰ στίφη τῶν ἑταίρων, οἷς δι- ειλήφει τὴν ἀγοράν, τοῖς ὄμμασι διαριθμησάμενος, τοιάδ' εἶπεν·

»Ἐγὼ δὲ περὶ τοῦδε τοῦ πράγματος, ὦ Οὐεργίνιε, καὶ ὑμεῖς οἱ σὺν τούτῳ παρόντες, οὐ νῦν πρῶτον ἀκήκοα, ἀλλὰ παλαίτερον ἔτι, πρὶν ἢ τήνδε τὴν ἀρχὴν παραλαβεῖν. ὃν τρόπον δ' ἔγνων, ἀκούσατε. ὁ πατὴρ ὁ Μάρκου Κλαυδίου τοῦδε, τελευτῶν τὸν βίον, ἠξίωσέ με τὸν υἱὸν αὐτοῦ, παῖδα

καταλειπόμενον, ἐπιτροπεῦσαι· πελάται δ' εἰσὶ τῆς οἰκίας ἡμῶν ἐκ προγό-
νων. ἐν δὲ τῷ χρόνῳ τῆς ἐπιτροπείας μήνυσις ἐγένετό μοι περὶ τῆς παιδὸς, ὡς ὑποβάλοιτο αὐτὴν Νομιτορρία, λαβοῦσα παρὰ τῆς Κλαυδίου δού-
λης· καὶ τὸ πρᾶγμα ἐξετάσας, ἔμαθον οὕτως ἔχον. ἐφάπτεσθαι μὲν οὖν
ἐμαυτὸν οὐ προσῆκέ μοι· βέλτιον δὲ ἡγησάμην τούτῳ τὴν ἐξουσίαν κα-
ταλιπεῖν, ὁπότε γένοιτο ἀνὴρ, εἴτε βουληθείη τὴν παιδίσκην ἀπάγειν, εἴτε
διαλύσασθαι πρὸς τοὺς τρέφοντας αὐτὴν, χρήμασι πεισθεὶς, ἢ χαρισάμενος.
ἐν δὲ τοῖς μεταξὺ χρόνοις ἐγὼ μὲν, εἰς τὰς πολιτικὰς πράξεις ἐγκυλισθεὶς
οὐδὲν ἔτι τῶν Κλαυδίου πραγμάτων εἶχον ἐν φροντίδι. τούτῳ δ', ὡς ἔοικε,
τὸν ἴδιον ἐξετάζοντι βίον καὶ περὶ τῆς παιδίσκης ἡ μήνυσις ἀπεδόθη,
καθάπερ ἐμοὶ πρότερον· καὶ οὐδὲν ἄδικον ἀξιοῖ, τὴν ἐκ τῆς ἑαυτοῦ θεραπαίνης γεγοννῖαν ἀπάγειν βουλόμενος. εἰ μὲν οὖν ἀλλήλους ἔπεισαν αὐτοὶ,
καλῶς ἂν εἶχεν. ἐπεὶ δ' εἰς ἀμφισβήτησιν ἦλθε τὸ πρᾶγμα, μαρτυρῶ 'τ'
αὐτῷ ταῦτα, καὶ κρίνω εἶναι τοῦτον τῆς παιδίσκης κύριον.«

Auch was Appius hier spricht, erscheint der Hauptsache nach
in so ferne als sachgemäß, als man in dieser Verhandlung keine Schlußverhandlung, sondern nur eine Vorverhandlung sieht. Denn in letzterer
kann sich der angegriffene Appius in seiner mißlichen Lage gar wohl
auf sein eigenes Wissen in dieser Sache berufen ha-
ben, um die von den Gegnern des Claudius bekämpfte ductio, die er
gut geheißen hat, zu vertheidigen, und ohne Zweifel war davon auch in
einigen Quellen des Dionysius die Rede, deren Inhalt mitzutheilen Livius Anstand nahm, weil er die ductio mit der Regulirung der vindiciae
ebensowenig als Dionysius zusammen reimen konnte. Daher läßt Livius
bei der Mittheilung des letzten Dekretes des Appius die ductio, Dionysius hingegen nach seinem Standpunkte die Regulirung der vindiciae
weg. Allein gegen die Art und Weise, wie Dionysius diese letzte Verhandlung in Wirklichkeit auffaßt und darstellt, sprechen gewichtige Bedenken, weil er in ihr eine Schlußverhandlung im Vindicationsprocesse
sieht, in welcher Appius auch als judex fungirt, und als solcher sich sogar auf seine Kenntniß der von Claudius angeführten Thatsachen berufen haben soll, um damit seine Definitiv-Sentenz zu begründen.

Vorerst, wie soll Appius in einem so wichtigen Processe, wie es
der Freiheitsproceß ist, zugleich als magistratus und judex und noch obendrein als Zeuge fungiren können? dann wie ist es denkbar, daß Numitorius auf das einzige Mittel verzichtet haben soll, welches die listigen
Anschläge eines unehrenhaften Magistrats zu vereiteln im Stande war,
nämlich auf das alte Recht, eine sententia nicht vom magistratus, son-

bern nur von seines Gleichen anzunehmen? Wie kann er auf ein Vor=
recht verzichten, welches die Plebejer als das sicherste Palladium ihrer
persönlichen Freiheit stets so eifersüchtig bewacht haben, und welches gerade
in diesem Processe so recht seine heilsame Wirkung bewährt hätte. Es ist
gewiß kein Zufall, daß die decemviri stlitibus judicandis, welche sonst
in den Freiheitsprocessen als judices zu fungiren hatten (Cicero, pro Caecin. c. 23; pro domo, c. 29;) gerade nach diesem ersten schreienden Atten=
tat auf die Freiheit einer römischen Bürgerin, gleich den Volkstribunen,
für sacrosancti erklärt wurden (Liv. III. c. 55 §. 7), ein Umstand, wel=
cher andeutet, daß auch im Processe der Verginia nicht Appius, sondern
die genannten decemviri die competenten judices gewesen wären, wenn
er nämlich das Stadium des judicium erreicht hätte.

Überhaupt hat Dionysius dem Appius eine seinem Charakter wenig
entsprechende Rolle zugetheilt: als Magistrat läßt er ihn alle Rechtsformen
mit Füßen treten und mit offener Willkühr verfahren, als Mann stellt er
ihn so schwächlich hin, läßt ihn seine Leidenschaft überall so offen zu
Markte tragen (vergl. c. 28, 33 u. 35) und ihr so ganz unterliegen,
daß man in ihm den energischen und stolzen Patricier nicht mehr zu er-
kennen vermag. Allein ungeachtet der Widersprüche, in welche Dionysius
wegen des von ihm eingenommenen Standpunktes gerathen mußte, ist
doch sein Bericht für das Verständniß dieses Processes von großer Bedeutung, weil man durch ihn den weiteren Inhalt der verschiedenen
Quellen errathen kann, welche Livius zwar mit sicherem Tacte und mit
größerer Gewissenhaftigkeit excerpirt, aber nur mit wenigen, kurzen
Sätzen wiedergegeben hat. Sieht man aber von den Widersprüchen ab,
in welche Dionysius durch seine genauere Darlegung des Processes um
so gewißer gerathen mußte, die die von ihm nicht verstandenen Momente
des Processes sogar auch dem Livius unklar waren, so hat auch sein
Bericht einen strengen Zusammenhang. Denn die erste Verhandlung des
vermeintlichen Vindicationsprocesses ist nach seiner Auffassung und Darstellung die eigentliche Verhandlung in jure, auf welche sachgemäß die
Verhandlung in judicio folgen muß. Daher geht es nicht an, mit Schmidt
die erste Verhandlung aus dem Berichte des Dionysius an die Stelle der
ersten Verhandlung bei Livius zu setzen, und die letzte Verhandlung bei
Dionysius mit der letzten Verhandlung bei Livius zu vertauschen; denn
sieht man in der letzteren eine Vorverhandlung im Vindicationsprocesse, so
verkehrt man damit die Aufeinanderfolge der Verhandlungen; sieht man
dagegen in der genannten Verhandlung eine eigentliche Verhandlung in

jure, so gibt man dem Vindicationsprocesse zwei eigentliche Verhandlungen in jure, was wohl Niemand billigen wird.

Das Verhältniß zwischen den beiden Hauptberichterstattern.

Dionysius hat bekanntlich im Allgemeinen die nämlichen Quellen
als Livius benützt; die Darstellung dieses Processes aber stimmt so sehr
mit jener des Livius überein, daß man sich der Vermuthung nicht erweh-
ren kann, er habe dabei auch den Livius vor sich gehabt. Dieses wird
vorzüglich durch zwei Umstände wahrscheinlich; erstens dadurch, daß die
ersten 15 Bücher des Livius zwischen den Jahren 27 und 25 v. Chr.
erschienen sind [67]) und sehr bald einen großen Ruf erlangt haben, Dionysius aber sich schon im Jahre 30 v. Chr. nach Rom begeben hatte,
um dort die Sprache und die Geschichte der Römer zu studiren, so
daß er seine Geschichte schon im Jahre 9 v. Chr. herausgeben [68])
konnte; zweitens dadurch, daß Beide dieselben Thatsachen, in derselben
Ordnung, sehr oft sogar mit denselben Ausdrücken erzählen, und daß
auch die Abweichungen des Dionysius von Livius so beschaffen sind, daß
sie den Bericht des letzteren voraussetzen. Livius beschäftiget sich nämlich
vorzüglich nur mit der politischen Seite dieses Processes, berührt die
processualischen Momente stets nur mit wenigen Worten, läßt sich in
eine Aufhellung der dunklen Partien des Processes gar nicht ein, und
berichtet überall nur jene Thatsachen, welche er für vollkommen beglau-
bigt hielt, wenn auch ihr innerer Zusammenhang ihm selbst unklar war,
und zwischen denselben Widersprüche zu obwalten schienen. Dionysius dagegen hat eine ausführliche Darstellung dieses Processes unternommen,
und mußte daher, um Neues zu bieten, auch in die dunklen Partien des-

---

[67]) Livius, l. c. 19: (Janus) bis deinde post Numae regnum clausum fuit, semel
T. Manlio consule post Punicum primum perfectum bellum, iterum, quod nostrae
aetati dii dederunt, ut videremus, post bellum Actiacum ab imperatore Cae-
sare Augusto pace terra marique parta. Der Janus=Tempel wurde zum zweiten
Mal im Jahre 29 v. Chr. geschlossen, und den Beinamen Augustus erhielt Octavian im
Jahre 27 v. Chr. Zum dritten Male wurde der Janus=Tempel im Jahre 25 v. Chr. geschlossen. Die erster. Bücher muß also Livius vor der dritten Schließung des genannten
Tempels, welche er noch nicht kennt, aber nach dem Jahre 27 v. Chr. geschrieben haben,
weil er dem Octavian schon den Titel Augustus gibt. z. vgl. Weißenborn, Einleitung zu
Livius, S. 8; und Peter, Zeittafeln der römischen Geschichte, S. 200.
[68]) Dionysius, I. 7; Weissenborn, Einleitnng zu Livius, S. 8.

selben eingehen: ein für ihn sehr gewagtes Unternehmen, da er von der legis actio per manus injectionem gar keine, von dem Vindications- processe aber nur höchst oberflächliche Kenntnisse besaß. **Wenn nun Dionysius von Livius überall nur da abweicht, wo sich bei letzterem scheinbare Widersprüche finden, oder gera- bezu ein »non constat« ausgesprochen ist, so dürfte die Folgerung erlaubt sein, daß Dionysius bei seiner Bear- beitung dieses Processes zugleich die scheinbaren Wider- sprüche im Livianischen Berichte durch Conjecturen zu beseitigen bestrebt war, die er entweder schon in einigen Quellen vorgefunden hatte, oder zu denen seine Zuflucht zu nehmen er durch seine Auffassung des Processes genö- thigt worden war.** Zur Erläuterung dessen ist nun zu untersuchen, vorerst welche Kenntnisse des Legisactionenprocesses Dionysius bei der Darstellung dieser Rechtssache verräth; dann, welche scheinbaren Wider- sprüche er im Berichte des Livius finden mußte, und womit er diese Widersprüche zu beseitigen gedachte?

Was nun die processualischen Kenntnisse betrifft, welche Diony- sius bei seiner Darstellung der Rechtssache der Verginia verräth, so ist vorest zu bemerken, daß er die Executivklage per manus injectionem nicht einmal ihren wesentlichsten Momenten nach gekannt zu haben scheint. Denn er hält das manum i. jicere bloß für ein physisches »Ergreifen«, und das secum ducere bloß für ein physisches »Mitsichführen, oder Mitsichnehmen« und eben so wenig zeigt er eine Kenntniß des Zusammen- hanges zwischen dem manum injicere und dem in jus ducere. Weil er aber auch die Bedingungen des secum ducere nicht kennt, so versteht er auch die eigentliche Bedeutung des vindex, und die Wirkungen der Zurückweisung desselben nicht. Aber auch seine Kenntnisse des Vindica- tionsprocesses scheinen nicht besonders weit gereicht zu haben. Daß ihm die Unzulässigkeit der Stellvertretung im Legiactionenprocesse unbekannt war, darf um so weniger befremden, als sich in Bezug auf dieselbe auch Livius im Unklaren befand; allein er weiß vom Vindicationsprocesse wohl kaum etwas Weiteres mit Sicherheit, als daß dabei ein vindex noth- wendig war, und eine Besitzregulirung vorkam. Denn er kennt weder die Nothwendigkeit der Vorverhandlung im genannten Processe, noch den Zweck derselben, und weiß namentlich nicht, wie dabei der Besitz zu reguliren war und von wem und für wen die Bürgschaften zu geben waren. Auch bezüglich der eigentlichen Verhandlung in jure sind seine Kenntnisse so

als Nichtigkeitskläger den Claudius in jus vocirt, sondern **durch das Volk veranlaßt**. Bei Livius bestreitet Claudius die Tauglichkeit der sich erbietenden**vindices**, und gesteht das Recht der Bestreitung seiner Ansprüche nur dem Vater der Verginia zu, dem er deßhalb auch sein Klagrecht durch Bürgschaftsleistung sicher stellen will. Dionysius also welcher einen Vindicationsproceß **erzählen will, kann in seine Darstellung die erwähnte Beanstandung des vindex nicht aufnehmen, sondern er muß den Claudius sich bereit erklären lassen, einen vindex anzuerkennen**. Dieser vindex kann jedoch nach dem bisherigen nicht einer der »advocati«, **sondern nur Numitorius sein, weil er der Oheim des Mädchens ist** ($θεῖος ὤν$). **Daher legt Dionysius alle Anträge der advocati bei Livius dem Numitorius in den Mund.** Bei Livius verlangt Claudius **für heute** die ductio, erbietet sich aber für eine **spätere Zeit**, wo der Vater schon angekommen wäre, auch zu einem Vindicationsproceß. Nach Dionysius soll dieser aber **heute** Statt finden, folglich muß Claudius dem Numitorius die Alternative stellen, daß schon heute entweder das »$ἄγειν$« der Verginia, oder die $ἀντιποίησις$ Platz greife. Bei Livius weisen die advocati die von Claudius verlangte ductio zurück, verlangen die vindiciae secundum libertatem, berufen sich auf das bezügliche Gesetz des Appius, und wollen die Sache endgiltig erst nach der Ankunft des Vaters ausgetragen sehen. Da nun Dionysius den Numitorius an die Stelle der advocati bei Livius treten läßt, so weiset auch der erstere für heute die endgiltige Entscheidung der Sache und die ductio zurück, begehrt für heute nur die vindiciae secundum libertatem, nachdem Gesetze des Appius, und verlangt, daß das judicium erst nach der Ankunft des Vaters Statt finden soll. Dionysius hält ferner diese erste Verhandlung für die eigentliche Verhandlung in jure, und die Verhandlung am folgenden Tage für eine Verhandlung in judicio, findet aber dabei keine gesetzlichen judices: er **muß daher den Claudius den Appius als judex verlangen, und den Numitorius auf die gesetzlichen judices verzichten lassen.** Weiter, weil Dionysius einerseits die Vorverhandlung im Vindicationsprocesse nicht kennt, andererseits mit Sicherheit weiß, daß Appius in diesem Processe die vindiciae secundum servitutem gab, in seinen Quellen aber überall von den vindiciae, vom Gesetze des Appius, ja sogar von einer endgiltigen Entscheidung und von der ductio die Rede war, so kann er im ersten Dekrete des Appius nur die Ertheilung der eigentlichen vindiciae sehen, muß aber die endgiltige Entscheidung und die ductio, welche wirklich schon in der ersten Verhandlung vorkamen, um so mehr der Verhandlung am nächsten Tage zu weisen, als in derselben nach den Darlegungen einiger Quellen auch vom factischen Klaggrund, vom Klagbegehren, von den Zeugen und ebenfalls von der ductio die Rede gewesen sein mußte. Ist aber dieses erste Dekret des Appius ein Dekret über vindiciae, dann müssen aus demselben jene Worte bei Livius, welche auf die Zurückweisung der vindices hindeuten, hier gerade so wegbleiben, wie sie oben bei der von Appius dem Claudius gegebenen Instruction und bei dem Vortrage des Claudius in jure wegblieben. Daher sind namentlich die Stellen des Livianischen Berichtes: in his enim, qui adserantur in libertatem, quia quivis lege agere possit, und: in ea, quae in patris manu ³sit, neminem esse alium, cui dominus possessione cedat, von Dionysius unterdrückt worden. Dem zufolge muß er auch das, was er von den Erwägungsgründen des Dekretes noch beibehielt, in der Weise hinstellen, daß dadurch die vermeintliche Besitzregulirung gerechtfertigt wird. Daß seine Rechtfertigung dieser Besitzregulirung aber ein juristischer Widersinn ist, welchen man einem Appius nicht zumuthen kann, ist schon oben dargethan. Die Art der Bürgenstellung scheint Dionysius für unabhängig von der Art der Besitzregulirung gehalten zu haben, denn er läßt den Claudius von vornherein sich zur Bürgenstellung erbieten, und demgemäß in dem Dekrete des Appius zu derselben auch wirklich verpflichtet werden. Darum ist die Art der Bürgenstellung bei Livius und Dionysius gleich, ungeachtet der erstere eine Executivklage, der letztere dagegen einen Vindicationsproceß darstellt. — Bei Livius verhindert Icilius durch den Beistand des Volkes am Tage der ersten Verhandlung die Durchführung der ductio; diese Verhinderug muß also bei Dionysius, welcher nur einen Vindicationsproceß erzählt, die Form einer Vereitlung der vermeintlichen, gesetzwidrigen Besitzregulirung annehmen, und da die erwähnte Realisirung bei Livius auf den nächsten Tag verschoben wird, so muß dies Dionysius nach seinem Standpunkte für eine Anberaumung des judicium schon auf den nächsten Tag ansehen, weßhalb er auch den Numitorius auf die δικασίμους χρόνους verzichten läßt. Daß diese unbestimmte Verzichtleistung aber dem Appius noch nicht das Recht einräumen kann, das judicium ohne ohne Einwilligung des Numitorius schon auf morgen festzusetzen, ist schon oben bemerkt. Die Verhandlung am nächsten Tage kann nach dem bisher dargelegten Standpunkte des Dionysius nur eine Verhandlung in judicio sein. Da er jedoch in seinen Quellen von einer Vernehmnng der indices und der beiderseitigen Zeugen keine Erwähnung fand, und die Er= wägungsgründe des letzten Dekretes darum nicht verstehen konnte, weil ihm die frühere Durchführung der Executivklage unbekannt war, so kümmert er sich auch um das Verhör der indices und der Zeugen nicht und recht= fertiget die ductio der Verginia dadurch, daß er den Appius sich auf sein eigenes Wissen in dieser Sache berufen läßt.

Das Bestreben, auch die dunklen Partien dieses Processes aufzuhel= len und die Unkenntniß des Legisactionenprocesses hat also den Dionysius dahin geführt, daß er aus der von Livius c. 44 bis c. 46 erzählten Executiv= klage und aus der von demselben im c. 47 berichteten Vorverhandlung im eingeleiteten Vindicationsprocesse einen vollständig abgewickelten Vindica= tionsproceß in der Art gemacht hat, daß von ihm die am ersten Tage ge= pflogene, und auf die ductio sich beziehende Verhandlung in eine Verhand= lung über die eigentlichen vindiciae, die am nöchsten Tage gepflogene Vorver= handluug im eingeleiteten Vindicationsprocesse aber in eine Verhandlung in judicio umgestaltet wurden. Wiewohl man ihm nun eine gewisse Con= sequenz in seiner Darstellung nicht absprechen kann, so hat er sich dabei doch in eine Menge von Widersprüchen verwickelt, wie sie eine solche Ver= mengung auch nothwendig erzeugen muß.

Da nun der Bericht des Dionysius sich nur als eine mißlungene, freiere und detailirtere Umarbeitung des Livianischen sich darstellt, und da Dionysius sich überall in Widersprüche verwickelt, wo er Conjecturen folgend von Livius abweicht, so kann er nicht gegen Livius geltend ge= macht werden, sondern sein Bericht muß im Gegentheile für eine Bestä= gung des Livianischen angesehen werden.

Wien, Ende Mai 1860.

Verbeſſerungen.

pagina		Zeile		ſtatt		zu leſen
5 von unten		7	iſt	dicebat.	zu leſen	dicebat:
7 von oben	»	3	»	Gallius	»	Gellius
14 »	»	10	»	ante'stari	»	antestari
18 Note			»	εὐχερής	»	εὐχερής
19 von unten	»	12	»	nnn	»	nur
28 »	»	17	»	(Gaius IV. 22)	»	(Gaius IV. 21)
29 »	»	11	»	quem quam	»	quemquam
30 von oben	»	23	»	(c. 28)	»	(c. 29.)
— Note			»	wenn	»	welche
31 von unten	»	16	»	ἐπιλαμβάνεςθαι	»	ἐπιλαμβάνεσθαι
39 »	»	8	»	se queretur	»	sequeretur.
40 Note			»	αὐξάνειν, αὔξειν	»	αὐξάνειν, αὔξειν
42 von unten	»	2	»	queritur	»	quaeritur
43 »	»	15	»	das Verginia Intereſſe der	»	das Intereſſe der Verginia
46 von oben	»	7	»	gegeben	»	gegebenen
47 »	»	14	»	vindicis	»	vindices
50 von unten	»	4	»	(Gaius IV. 11)	»	(Gaius IV. 21)
57 von oben	»	17	»	erlangen	»	verlangen
60 »	»	1	»	das	»	des
63 von unten	»	10	»	παρθίνου	»	παρθίνου
— »	»	11	»	ἐγχειρίσαντος	»	ἐχειρίσαντος
64 von oben	»	5	»	Aus dieſem Grunde	»	Aus dieſen Gründen
68 »	»	2	»	erhält	»	euthält.
73 »	»	2	»	ἀποθανεῖν	»	ἀποθανεῖν
— »	»	14	»	ὦν	»	ὦν
— »	»	19	»	κυρίον	»	κύριον
— von unten	»	17	»	ἀνέγραψεν	»	ἀνέγραψεν
— von oben	»	5	»	δικάσταις	»	δικασταῖς
75 von unten	»	17	»	δικάσταις	»	δικασταῖς
— »	»	11	»	libidio	»	libido
— »	»	5	»	superbam puc	»	superbamque
77 »	»	13	»	οὐδέ	»	οὐδέ
78 von oben	»	4	»	Wiederſinn	»	Widerſinn

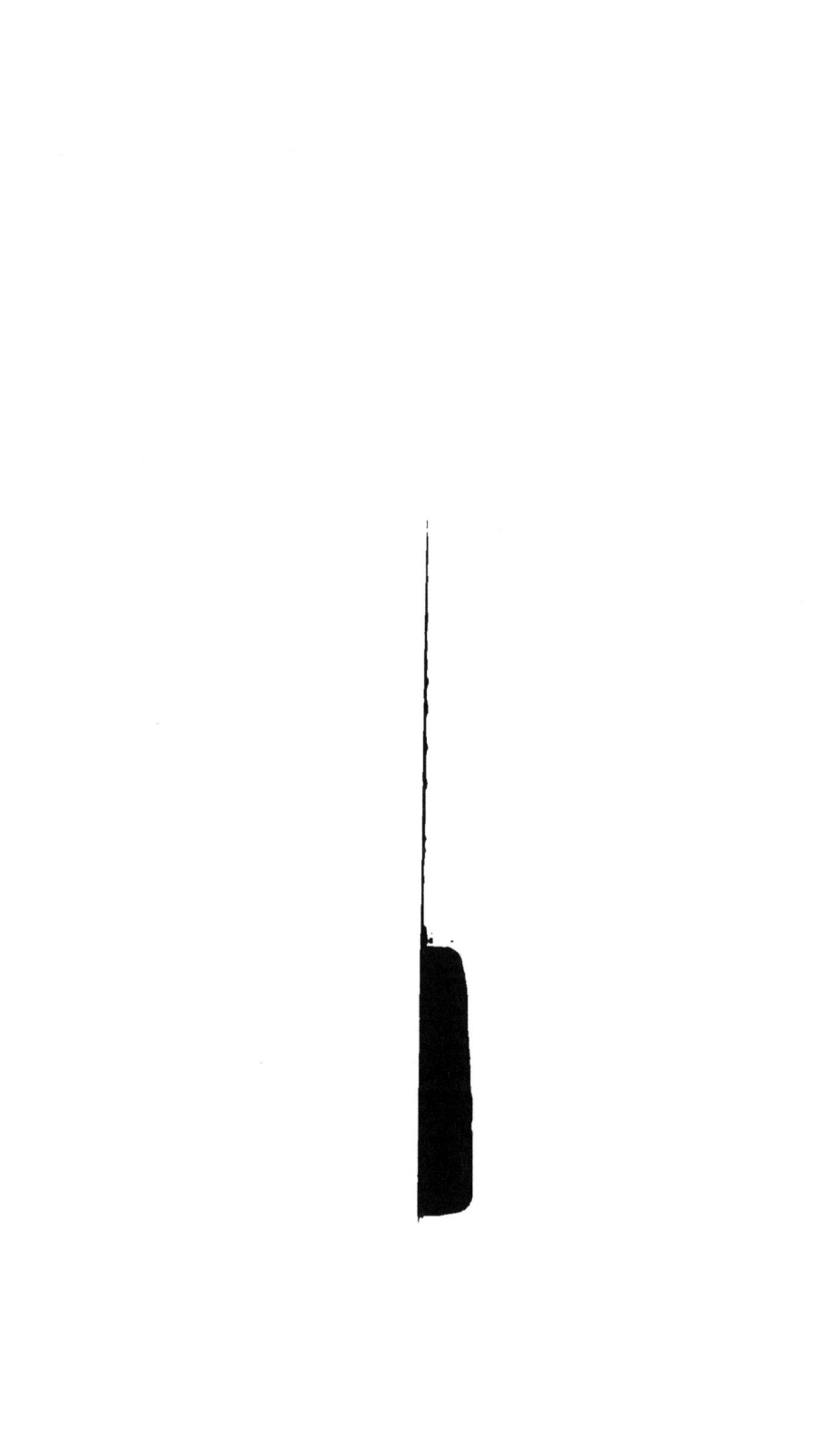